Les voye___s

Guide d'enseignement

par

Marielle Lemay
Chef de projet

et

Pierrette Boyer

Martin Champagne

Monique Guérard

Jacques Lapointe

Marie-France Legault

Marie Pérusse

Formation linguistique Canada

Formation linguistique Canada
Direction de l'élaboration de cours
Division de l'élaboration de programmes français

Production

Division de la production et de l'information pédagogiques

Direction du projet : Brigitte Biron-Lange

Révision et mise en page : Marie Bérubé

Réalisation des enregistrements : Marie Saint-André Hébert

Conception de la couverture : Ginette Besner

Traitement de texte : Lise Richer

Nous remercions toutes les personnes qui ont collaboré à ce projet.

© Ministre des Approvisionnements et Services Canada 1991

En vente au Canada par l'entremise des

Librairies associées
et autres libraires

ou par la poste auprès du :

Groupe Communication Canada — Édition
Ottawa, Canada K1A 0S9

N° de catalogue SC84-1/9000-1001F
ISBN 0-660-93205-9

L'intérêt accordé à l'enseignement de la phonétique provient de la reconnaissance du rôle important que joue cette composante dans l'apprentissage d'une langue seconde.

La collection «Amélioration de la prononciation» s'adresse à une clientèle anglophone qui commence ses cours de français ou qui éprouve des difficultés de prononciation, peu importe ses acquis.

Cette collection vise à développer l'habilité à comprendre et à produire les sons, le rythme et l'intonation de base du français.

La collection «Amélioration de la prononciation» comprend présentement deux cours :

• Le cours *Initiation à l'alphabet phonétique du français* est un outil d'apprentissage autonome fort utile pour se familiariser avec les symboles phonétiques du français. Son contenu nécessite environ dix heures d'apprentissage.

• Le cours *Les voyelles orales* se divise en cinq parties et a été conçu pour être dispensé en salle de classe. La durée moyenne pour réaliser une partie est de deux heures, ce qui inclut le travail en groupe et les périodes de travail individuel.

Table des matières

1. Les choix pédagogiques

«Amélioration de la prononciation» a puisé aux sources de différents courants théoriques, techniques pédagogiques et méthodes d'enseignement afin d'y recueillir les éléments les plus prometteurs. Parmi ceux-ci, mentionnons :

* l'importance de la perception auditive;
* la variété des techniques de correction phonétique;
* la nécessité d'assurer une direction;
* l'utilisation de la transcription phonétique;
* l'utilisation du français d'ici.

L'importance de la perception auditive

«Entendre pour mieux prononcer». Cet axiome s'appuie sur un des fondements du système verbo-tonal élaboré par le Professeur Guberina : l'apprentissage d'un nouveau système linguistique doit être basé sur un reconditionnement en profondeur de la perception auditive. Cet axiome s'appuie également sur les observations de Jean-Guy Lebel de l'Université Laval : en-deçà de 80 % de réussite à discriminer, il est inutile de passer au stade de la production.

Ce principe est respecté dans les cours puisque, sur cinq étapes de traitement pédagogique, trois d'entre elles mettent l'accent sur l'audition : «Découverte», «Perception» et «Discrimination». De plus, à l'étape «Discrimination», un système de pointage est proposé afin de déterminer si l'apprenant ou l'apprenante est en mesure de passer à l'étape de la production.

La variété des techniques de correction phonétique

Parmi les principales techniques de correction phonétique empruntées à la méthode verbo-tonale, à la méthode articulatoire, aux procédés sensitifs, etc., la prépondérance a été accordée à celles qui relèvent de la méthode verbo-tonale. Cette méthode part du principe qu'on favorise une meilleure réception en intervenant au niveau de l'émission : intonation, rythme, fréquences, tension, etc.

Ce principe a été mis en application en tenant compte des difficultés que l'apprentissage du système phonétique français pose à la population anglophone.

Quelques-uns des éléments théoriques de cette méthode sont décrits en rapport avec les phénomènes à l'étude, dans la section «Remarques» de chacune des parties.

La nécessité d'assurer une direction

Partant du principe qu'on ne peut évaluer facilement sa propre performance en matière de prononciation, la plupart des cours ont été organisés de telle sorte que la présence d'un enseignant ou d'une enseignante est requise. Par ailleurs, à tout moment du déroulement de la leçon, le matériel peut se prêter à une utilisation individuelle.

L'utilisation de la transcription phonétique

À cause de la complexité du système orthographique et des nombreuses interférences entre l'écrit et l'oral, nous proposons d'utiliser la transcription phonétique adoptée par l'Association Phonétique internationale (A.P.I.) comme aide à l'enseignement. En plus de servir d'outil tangible pour analyser la performance, la transcription phonétique fournit un support visuel à la personne dont l'oreille est peu sensible. Elle constitue également une référence structurée pour l'analytique et un moyen sûr et efficace de connaître la prononciation exacte d'un mot en le cherchant dans un dictionnaire.

L'investissement de temps, souvent surestimé, que requiert l'apprentissage de l'alphabet phonétique est donc largement compensé par les bénéfices qu'on en retire. Dans la collection «Amélioration de la prononciation», le cours *Initiation à l'alphabet phonétique du français* permet, en dix à douze heures, d'apprendre les symboles de la transcription phonétique de façon autonome.

L'utilisation du
français d'ici

La prononciation qui a été adoptée correspond à celle du français canadien correct. Aux étapes «Perception», «Discrimination» et «Répétition», cette prononciation est respectée. Aux étapes «Découverte» et «Production», on introduit certaines variantes acceptables. Il est donc possible que les documents sonores varient quelque peu de la transcription phonétique.

2. La description du matériel

Chacune des parties du guide d'enseignement *Les voyelles orales* se présente de la même façon. On y retrouve les éléments suivants :

- Remarques;
- Exercices;
- Feuilles-réponses;
- Transcription et corrigé.

Remarques

Au début de chaque partie, dans la section «Remarques», on présente des éléments théoriques de base et des techniques de correction appropriées au contenu à enseigner.

Dans les parties 2 et 4, on trouvera aussi des schémas anatomiques de prononciation.

Exercices

Les exercices sont regroupés en cinq étapes : «Découverte», «Perception», «Discrimination», «Répétition» et «Production». Chacune de ces étapes sera décrite en détail sous la rubrique «L'utilisation du matériel». Au début de chaque étape, juste avant les exercices, on trouve :

- l'objectif de l'étape;
- le matériel requis pour réaliser les exercices;
- la démarche proposée.

Chaque exercice comprend :

- la directive en français et en anglais;
- un exemple;
- les items numérotés avec leurs transcriptions courante et phonétique (à l'étape «Discrimination»);
- les réponses (à l'étape «Discrimination»);
- le matériel audio, s'il est nécessaire.

La cassette correspondant à chacune des parties comporte pour chaque exercice enregistré :

- la directive en anglais seulement;
- l'exemple;
- un temps de réponse, au besoin;
- la réponse répétée deux fois (à l'étape «Production»).

Feuilles-réponses

Les feuilles-réponses pour les exercices de discrimination et de production requérant l'écrit sont intégrées au guide d'enseignement, immédiatement après la partie 5. Cette section peut être photocopiée*.

Transcription et corrigé

À la fin de ce guide d'enseignement, on trouvera les réponses aux exercices de discrimination et aux exercices de production requérant l'écrit, ainsi que la transcription phonétique des items à discriminer. Au besoin, cette section peut être photocopiée*.

---

* La permission de photocopier cette section est accordée sans avoir à obtenir l'autorisation écrite d'Approvisionnements et Services Canada, à la condition que ce matériel soit destiné aux personnes qui suivent ce cours.

3. L'utilisation du matériel

Pour chacune des parties, la démarche pédagogique proposée comprend cinq étapes :

• Découverte;
• Perception;
• Discrimination;
• Répétition;
• Production.

Découverte

Objet

La découverte constitue le point de départ de la leçon. Cette étape amène l'apprenant ou l'apprenante à se sensibiliser aux contenus d'apprentissage par un processus de découverte ou par le biais d'un exposé formel, incluant ou non la présentation de schémas anatomiques de la prononciation des phonèmes.

Moyens

En général, le matériel didactique prévu pour cette phase est constitué de textes enregistrés. Ces documents sonores, de nature variée (comptine, chanson, monologue, dialogue, etc.), illustrent les contenus à travailler.

Types d'intervention pédagogique

Au cours de cette étape, les modalités de travail peuvent varier (travail en groupe, en sous-groupes ou individuel) en fonction du type d'intervention privilégié.

On peut, entre autres :

• demander de découvrir les phénomènes à l'étude à partir du texte enregistré;
• présenter les phénomènes à l'étude, puis demander de les repérer dans le texte enregistré;
• présenter les phénomènes à l'étude, puis demander de les illustrer dans des contextes linguistiques connus;
• présenter les schémas anatomiques des phonèmes à l'étude, puis demander de produire les phonèmes.

Autres exploitations

Le matériel proposé à cette étape pourrait également être exploité à d'autres moments de la leçon. Le texte de départ enregistré pourrait être utilisé :

• comme outil d'évaluation : au début de la leçon, il permettrait de poser un diagnostic; à la fin de la leçon, il servirait à évaluer les progrès;
• comme instrument pour faciliter la lecture du texte écrit en alphabet phonétique, à l'étape «Production»;
• comme matériel servant à la répétition;
• comme matériel servant à la perception.

Perception

Objet

La perception est l'étape où on dirige l'attention des participants et participantes sur les phénomènes à l'étude. En mettant en évidence les phénomènes, cette étape permet à chacun et à chacune de reconnaître les sons de même que les éléments rythmiques et intonatifs de la phrase.

Moyens

Le matériel disponible à cette étape est constitué de séries de mots homogènes et hétérogènes qui illustrent les phonèmes à l'étude dans des positions et des contextes variés. On y trouve aussi des séries d'énoncés qui présentent les éléments rythmiques et intonatifs.

Types d'intervention pédagogique

Cette étape se prête aussi bien au travail individuel qu'au travail en groupe. L'intervention pédagogique demeure limitée puisqu'il s'agit presque uniquement de créer un climat de détente favorable à l'écoute des phénomènes. En complément, on peut présenter les symboles phonétiques des phonèmes à l'étude.

Autres exploitations

Le matériel proposé à cette étape pourrait également être exploité aux fins suivantes :

• dictée phonétique à l'étape «Production»;
• matériel complémentaire pour la «Répétition».

Discrimination

Objet

La discrimination est l'étape du discernement des phénomènes à l'étude. Elle permet d'associer sons et symboles, chaînes sonores et phénomènes prosodiques. Il s'agit pour l'apprenant ou l'apprenante de distinguer ces phénomènes par le biais d'exercices contraignants.

Moyens

Les principaux types d'exercices proposés sont les suivants :

- identifier un phonème;
- transcrire un phonème en symbole phonétique;
- noter une intonation en utilisant le symbole approprié;
- indiquer des mots ou des groupes de mots qui sont identiques ou différents;
- identifier une syllabe, un mot ou un groupe de mots qui contient un phonème présenté.

Types d'intervention pédagogique

Compte tenu de l'objectif visé à cette étape, on doit veiller à favoriser une atmosphère propre à la concentration pour permettre à chacun et à chacune d'effectuer individuellement les exercices de discrimination*.

À la fin de l'étape, en se servant du corrigé, on mesure le degré d'atteinte de l'objectif. En fonction des résultats, l'enseignant ou l'enseignante oriente la suite de l'apprentissage.

Répétition   **Objet**

La répétition est la phase de reproduction des modèles contenant les phonèmes et les éléments prosodiques à l'étude.

---

* Certains exercices s'adressent seulement aux experts.

Moyens

Chaque apprenant ou apprenante répète des mots, des groupes de mots et des énoncés qui ont été regroupés en tenant compte des difficultés que posent l'articulation des phonèmes, leur entourage phonétique et la longueur du stimulus. On applique ensuite un traitement correctif en fonction des difficultés de reproduction éprouvées. À cette fin, l'enseignant ou l'enseignante peut utiliser les techniques de correction suggérées dans le matériel ou toute autre technique susceptible d'apporter une solution au problème diagnostiqué.

Types d'intervention pédagogique

En classe ou au laboratoire, on fait reproduire les modèles en se servant de l'enregistrement. Cependant, l'enseignant ou l'enseignante devrait aussi reproduire ces modèles. Un diagnostic individuel précis doit également être posé afin de donner à chaque participant et participante le traitement correctif approprié avant de les laisser travailler seuls.

Production

Objet

Dernière étape de la leçon, la production assure un réemploi des connaissances dans des contextes linguistiques élargis.

Moyens

Les exercices proposés sont de différents types :

- exercice de substitution : remplacer un son par un autre dans un mot, un groupe de mots ou un énoncé;

- exercice de transformation : modifier un énoncé selon un modèle;

- exercice de lecture : lire des mots, des phrases ou des textes écrits en alphabet phonétique;

- exercice de dictée : transcrire les sons en symboles phonétiques;
- exercice de superposition de voix : reproduire des mots ou des phrases en même temps que le modèle enregistré;
- exercice de vitesse : répéter plusieurs fois un énoncé en accélérant le débit.

D'autres exercices peuvent être utilisés bien qu'ils n'aient pas été décrits dans le matériel. Il s'agit d'exercices visant la production libre : questions ouvertes autour d'un thème, jeu linguistique, jeu de rôle, etc.

Types d'intervention pédagogique

À cette étape, les modalités de travail peuvent varier en fonction du type d'exercice choisi et de la force de chaque apprenant ou apprenante. Les interventions suivantes pourraient être envisagées :

- Sélectionner, dans le matériel, les exercices appropriés à la nature des difficultés rencontrées. Faire faire ces exercices puis, par le biais d'exercices de production libre, évaluer les résultats obtenus;
- Superviser tous les exercices de cette étape* en salle de classe en notant les points à améliorer.

---

* Certains exercices s'adressent seulement aux experts.

Les symboles de la transcription phonétique XVI

Voyelles

[i]	vie		[y]	rue
[e]	blé		[ø]	feu
[ɛ]	jouet		[œ]	peur
[a]	lac		[ə]	le
[ɑ]	pâte		[ɛ̃]	matin
[ɔ]	offre		[ɑ̃]	sans
[o]	eau		[ɔ̃]	bon
[u]	roue		[œ̃]	brun

Consonnes

[p]	père		[z]	rose
[t]	terre		[ʒ]	jardin
[k]	cou		[l]	la
[b]	bon		[ʀ]	reine
[d]	dans		[m]	moi
[g]	gare		[n]	nous
[f]	feu		[ɲ]	agneau
[s]	sans		[h]	hop!
[ʃ]	chat		[ʼ]	héros
[v]	vous			

Semi-consonnes

[j]	fille		[ɥ]	lui
[w]	oui			

Autres symboles

[ː]	allongement
/	fin du groupe rythmique
//	fin du groupe respiratoire
⌒	intonation montante
⌍	intonation descendante

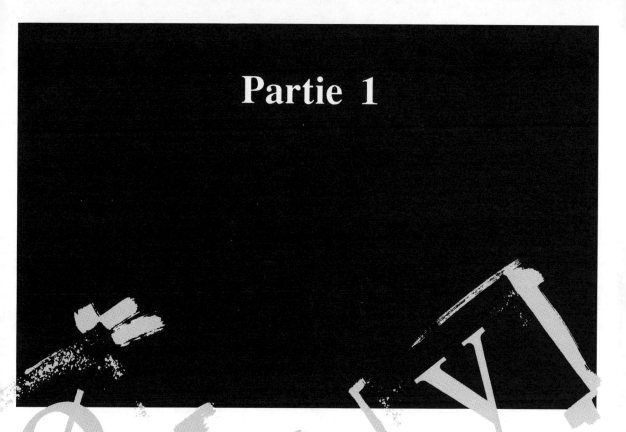

Partie 1

Les phonèmes [i][e][ɛ][ə]

L'accent

L'enchaînement vocalique

L'intonation de la phrase impérative

Sommaire

Description du contenu

Les phonèmes	canal émetteur	position des lèvres	point d'articulation
[i]	voyelle orale	fermée	antérieur
[e]	voyelle orale	mi-fermée	antérieur
[ɛ]	voyelle orale	mi-ouverte	antérieur
[ə]	voyelle orale	mi-ouverte	central

L'accent

L'accent est la mise en valeur d'une syllabe par la modification de la hauteur, de la durée ou de l'intensité de cette syllabe.

L'accent **rythmique** porte sur la dernière syllabe sonore d'un mot ou d'un groupe de mots formant une unité de sens ou un groupe rythmique.

Le groupe respiratoire est composé d'un ou de plusieurs groupes rythmiques :

   Marie / est ici. //   [maʀi / e tisi //]

Cette phrase est constituée de deux groupes rythmiques et d'un groupe respiratoire.

L'accent **tonique** ou **d'insistance** est subjectif, car il est soumis aux besoins d'expression.

L'enchaînement vocalique

Quand deux voyelles sont mises en contact, soit dans un mot, soit dans un groupe rythmique, il n'y a pas de coupure entre les voyelles :

   J'ai été [ʒeete]

L'intonation de la phrase impérative

L'intonation de la phrase impérative est descendante dans :

- un énoncé à un groupe rythmique :

   Donne-le. [dɔn lə]

- un énoncé à plusieurs groupes rythmiques :

   Si vous partez, fermez la porte.
   [si vu paʀte / fɛʀme la pɔʀt]

Difficultés et techniques de correction

[i]

Tendance au relâchement : le [i] tend vers le [e].

1° Placer le son en syllabe accentuée :

   C'est ici? [se tisi]

2° Insister pour que la tension se maintienne en syllabe inaccentuée :

accentuée	—	C'est ici?	[se tisi]
inaccentuée	—	illico	[iliko]
accentuée	—	Elle est d'ici?	[ɛl e disi]
inaccentuée	—	décidément	[desidemɑ̃]

[i]

Tendance à la diphtongaison : le [i] devient [ij].

1° Placer le son en contexte de fricatives :

   chiche [ʃiʃ]
   fiche   [fiʃ]

2° Insister pour que la pureté du son se maintienne en contexte moins favorable :

   pipe [pip]
   mite [mit]

[e]   Tendance à la diphtongaison : le [e] devient [e^i].

1° Placer le son en position accentuée, de préférence en contexte de fricatives :

chez	[ʃe]
fée	[fe]
c'est	[se]

2° Insister pour que la pureté du son se maintienne en contexte moins favorable :

écrit	[ekʀi]
secrétaire	[səkʀetɛʀ]
épris	[epʀi]

[ɛ]   Tendance à la diphtongaison : le [ɛ] devient [ɛ^i].

1° Placer le son en position accentuée et en contexte non allongeant :

mettes	[mɛt]
faites	[fɛt]

2° Insister pour que la pureté du son se maintienne en contexte allongeant :

mère	[mɛʀ]
faire	[fɛʀ]

[ɛ̃]   Tendance à la nasalisation : le [ɛ] devient [ɛ̃].

1° Placer le son en contexte oral :

jette	[ʒɛt]
tête	[tɛt]

2° Insister pour que le son ne soit pas nasalisé en contexte moins favorable :

mène   [mɛn]
m'aime [mɛm]

L'accent

Influence d'une autre langue.

Insister pour que l'accent soit mis sur la dernière syllabe du groupe rythmique :

- utiliser la forme interrogative :

Elle vient ici?   [ɛl vjɛ̃ isi]

Il est parti?   [il e paʀti]

- utiliser la forme déclarative dans des énoncés se terminant par une syllabe ouverte et faire allonger la voyelle finale :

Il vient samedi. [il vjɛ̃ samdi]

Elle est partie. [ɛl e paʀti]

Faire entendre un énoncé en anglais avec l'accentuation française.

L'intonation de la phrase impérative

Mauvaise intonation.

Faire respecter le schéma intonatif descendant :

Donne-le.   [dɔn lə]

Ferme-les.   [fɛʀm le]

Dis-le.   [di lə]

Objectif	Identifier les phénomènes phonétiques et prosodiques à l'étude.
Matériel	- Cassette : Partie 1.
Démarche proposée	- Utiliser la transcription phonétique du texte de départ pour faciliter la discrimination auditive*. - Faire entendre le texte de départ. - Faire découvrir les phénomènes à l'étude ou les présenter. - Utiliser la transcription phonétique du texte de départ comme exercice de lecture à haute voix à la fin de l'étape «Production».*

---

* Photocopies nécessaires.

Le rêve du militaire

J'étais militaire.

J'étais à la caserne du régiment.

Lili Marlène me visitait.

Celle-ci portait une hermine.

Elle me disait ce qui me plaisait.

Je l'écoutais, lui répondais, la regardais.

Et vite vite, elle est partie.

Il était six heures et demie.

Le rêve était fini.

J'entendais :

«Levez-vous.

Habillez-vous.

Ne traînez pas.

Sortez vite.»

lə ʀɛv dy militɛʀ //

ʒetɛ militɛʀ //

ʒete a la kazɛʀn / dy ʀeʒimɑ̃ //

lili maʀlen / mə vizite //

selsi / pɔʀte yn ɛʀmin //

ɛl mə dize / skim pleze //

ʒlekute / lɥi ʀepɔ̃de / la ʀgaʀde //

e vit vit / ɛl e paʀti //

il etɛ / si zœ ʀe dmi //

lə ʀɛv / ete fini //

ʒɑ̃tɑ̃de /

ləve vu //

abije vu //

nə tʀɛne pɑ //

sɔʀte vit //

Objectif	Reconnaître certains phénomènes phonétiques et prosodiques à l'étude dans des contextes favorables.
Matériel	- Cassette : Partie 1.
Démarche proposée	- Faire entendre les séries de mots et d'énoncés.
	- Faire reconnaître les phénomènes.

1. [i]   gris   pli   petit   idée   éviter

2. [e]   dé   quai   pensée   été   inédit

3. [ɛ]   fait   prêt   donnait   mairie   éclaircir

4. [ə]   le   se   dis-le   remettre   fermeté

5. **La place de l'accent**
   Il était six heures et demie.
   Et vite vite, elle est partie.
   Elle me disait ce qui me plaisait.

6. **L'enchaînement vocalique**
   j'ai été
   fait inédit
   lait écrémé
   fais-le ici
   trait inné

3. Discrimination

Objectif

Distinguer les phénomènes phonétiques et prosodiques à l'étude dans divers contextes.

Matériel

- Cassette : Partie 1.
- Feuilles-réponses.

Démarche proposée

- Faire discriminer les phénomènes des exercices 3.1 à 3.7 en classe ou au laboratoire.

- Évaluer la performance.

- Passer à l'étape «Répétition» si le score total obtenu est d'au moins 80 %, soit 35 sur 44.

- Refaire discriminer les phénomènes en cas d'échec :
  · en reprenant l'étape «Perception»;
  · en refaisant les exercices de l'étape «Discrimination», avec ou sans la transcription phonétique.

3.1

Écrivez I ou D selon que les mots sont identiques ou différents.

Write I or D to indicate whether the words in pairs are identical or different.

Exemple

You will hear: mener - menait
                [məne] - [mənɛ]

Answer: D *for different.*

1.	miné	-	mené	D
	[mine]	-	[məne]	
2.	thé	-	taie	D
	[te]	-	[tɛ]	
3.	été	-	été	I
	[ete]	-	[ete]	
4.	fais	-	fée	D
	[fɛ]	-	[fe]	
5.	mena	-	mena	I
	[mənɑ]	-	[mənɑ]	
6.	lit	-	le	D
	[li]	-	[lə]	
7.	sème	-	s'aime	I
	[sɛm]	-	[sɛm]	
8.	sait	-	se	D
	[se]	-	[sə]	

Score   1 point par item   /8

3.2

Écoutez chaque mot et complétez la transcription phonétique
à l'aide des symboles phonétiques [i] ou [ɛ].

*Listen to each word and fill in the blank with the appropriate
phonetic symbol,* [i] *or* [ɛ].

Exemple

While you read: [v _]
You will hear: vie [vi]
Answer: [vi̱]

1.	faire	[fɛʀ]
2.	fil	[fi̱l]
3.	pelle	[pɛ̱l]
4.	vitre	[vi̱tʀ]
5.	frêle	[fʀɛ̱l]
6.	disque	[di̱sk]

Score

1 point par item   /6

3.3

Écoutez chaque mot et complétez la transcription phonétique
à l'aide des symboles phonétiques [e] ou [ə].

*Listen to each word and fill in the blank with the appropriate
phonetic symbol,* [e] *or* [ə].

Exemple

While you read: [l _]
You will hear: le [lə]
Answer: [lə̱]

1.	j'ai	[ʒe̱]
2.	se	[sə̱]
3.	te	[tə̱]
4.	pré	[pʀe̱]
5.	je	[ʒə̱]
6.	clé	[kle̱]

Score

1 point par item   /6

3.4

Écrivez 1, 2 ou 3 pour indiquer lequel des trois énoncés a une intonation différente.

Write 1, 2 or 3 to indicate which sentence has a different intonation.

Exemple

You will hear: C'est fini? C'est fini. C'est fini.
[se fini]   [se fini]   [se fini].

Answer: **1**

1.	Tu le fais. [tyl fɛ]	Tu le fais. [tyl fɛ]	Tu le fais? [tyl fɛ]	**3**
2.	C'est l'été. [se lete]	C'est l'été? [se lete]	C'est l'été. [se lete]	**2**
3.	Elle rit? [ɛl ʀi]	Elle rit. [ɛl ʀi]	Elle rit. [ɛl ʀi]	**1**
4.	Je le veux. [ʒəl vø]	Je le veux? [ʒəl vø]	Je le veux. [ʒəl vø]	**2**

Score   1 point par item   **/4**

3.5

Écrivez 1, 2 ou 3 pour indiquer quel groupe de mots est
différent.

Write 1, 2 or 3 to indicate which group of words is different.

Exemple

You will hear: donne-les   donne-le   donne-le
                 [dɔn le]   [dɔn lə]   [dɔn lə]

Answer: 1

1. c'est la vie [se la vi]	c'est la vie [se la vi]	c'est lavé [se lave]	**3**	
2. les rapports [le ʀapɔʀ]	le rapport [lə ʀapɔʀ]	le rapport [lə ʀapɔʀ]	**1**	
3. j'irai [ʒiʀe]	j'irais [ʒiʀɛ]	j'irai [ʒiʀe]	**2**	
4. prends-les [pʀɑ̃ le]	prends-le [pʀɑ̃ lə]	prends-les [pʀɑ̃ le]	**2**	

Score   1 point par item   **/4**

3.6

Écrivez 1, 2 ou 3 pour indiquer quel mot ou groupe de mots contient le son demandé.

Write 1, 2 or 3 to indicate which word or group of words contains the sound that you are listening for.

Exemple

The sound you are listening for is [i].

You will hear: dire   caisse   prêt
             [diʀ]   [kɛs]   [pʀɛ]

Answer: **1**

The sound you are listening for is [i].

1.	paré [paʀe]	paraît [paʀɛ]	ami [ami]	3
2.	Rémi [ʀemi]	arrêt [aʀɛ]	armé [aʀme]	1

The sound you are listening for is [ɛ].

3.	après [apʀɛ]	il écrit [il ekʀi]	téléphonez [telefɔne]	1
4.	prends-le [pʀɑ̃ lə]	congrès [kɔ̃gʀɛ]	réunion [ʀeynjɔ̃]	2

The sound you are listening for is [e].

5.	délégué [delege]	je mangeais [ʒmɑ̃ʒɛ]	je faisais [ʃfəzɛ]	1
6.	il finit [il fini]	je vais [ʒvɛ]	j'ai écrit [ʒe ekʀi]	3

The sound you are listening for is [ə].

7.	c'est moi [se mwa]	dis-le [di lə]	c'est tout [se tu]	2
8.	ce soir [sə swaʀ]	c'est noir [se nwaʀ]	sept jours [sɛ ʒuʀ]	1

Score   1 point par item   **/8**

3.7

Écoutez chaque énoncé et complétez la transcription phonétique à l'aide du symbole phonétique approprié.

Listen to each sentence and fill in the blank with the appropriate phonetic symbol.

Exemple

While you read: [se d _ niz]
You will hear: C'est Denise. [se dəniz]
Answer: [sə dǝniz]

1. C'est si petit.   [se si̯ pti]
2. Écris-le vite.   [ekʀi lə vit]
3. Je le fais venir.   [ʒəl fɛ vni̯ʀ]
4. Je ne sais pas.   [ʒən sɛ pɑ]
5. Qui est-ce?   [ki ɛs]
6. L'été est fini.   [lete e fini]
7. Que fait-il?   [kə fɛ til]
8. Il venait de partir.   [il vnɛt paʀti̯ʀ]

Score   1 point par item   /8

Objectif	Reproduire les phénomènes phonétiques et prosodiques à l'étude dans divers contextes.
Matériel	- Cassette : Partie 1.
Démarche proposée	- Faire répéter les mots ou les groupes de mots en classe, puis au laboratoire s'il y a lieu. - Pour corriger la prononciation, le rythme ou l'intonation, se référer à la section «Remarques».

Écoutez et reproduisez chaque mot ou groupe de mots en portant attention à la prononciation, au rythme et à l'intonation.

Listen to each word or group of words and repeat, paying particular attention to pronunciation, rhythm and intonation.

[i]	[ɛ]
1. un lit	13. des frais
2. des amis	14. le budget
3. le pire	15. des lettres
4. le livre	16. des adresses
5. Il vit ici?	17. Il faisait exprès.
6. Elle finit à midi?	18. Elle aimait écrire.

[e]	[ə]
7. allez	19. Rédige-le.
8. assez	20. Compte-le.
9. des dépenses	21. Que veut-elle?
10. congé payé	22. Prenez-le.
11. J'ai été déléguée.	23. Mets-le ici.
12. René est arrivé.	24. Je le veux mercredi.

5. Production

Objectif	Produire les phénomènes phonétiques et prosodiques à l'étude dans des exercices de plus en plus complexes.
Matériel	- Cassette : Partie 1. - Feuilles-réponses, 5.15 et 5.16.
Démarche proposée	- Faire produire les phénomènes des exercices 5.1 à 5.17* en classe, puis au laboratoire s'il y a lieu. - Utiliser la transcription phonétique du texte de l'étape «Découverte» comme exercice de lecture à haute voix.**

5.1

Remplacez [ɛ] par [i].

Replace [ɛ] *with* [i].

Exemple

You will hear: naît
You say: nid
Then you will hear: nid (bis)

1. lait — lit
2. prêt — pris
3. mais — mis
4. père — pire
5. rêve — rive
6. même — mime
7. taire — tire
8. mèche — miche

---

* Les exercices 5.15, 5.16 et 5.17 s'adressent aux experts.
** L'exercice 5.17 nécessite des photocopies.

5.2

Remplacez le dernier son vocalique par [i].

Replace the last vowel sound with [i].

Exemple

You will hear: paré
You say: pari
Then you will hear: pari (bis)

1. l'abbé — l'habit
2. des nez — des nids
3. cédez — c'est dit
4. je l'ai — je lis
5. il crée — il crie
6. hissé — ici
7. épée — épis
8. assez — assis

5.3

Remplacez le premier son vocalique par [i].

Replace the first vowel sound with [i].

Exemple

You will hear: tairait
You say: tirait
Then you will hear: tirait (bis)

1. menait — minait
2. les dés — l'idée
3. devin — divin
4. l'essence — licence
5. des manches — dimanche
6. lésé — lisez
7. départ — dix parts
8. lèvre — livre

5.4

Ajoutez le mot **mercredi** à la fin de chaque phrase.

Add the word **mercredi** *to the end of each sentence.*

Exemple

You will hear: Donne-lui.
You say: Donne-lui, mercredi.
Then you will hear: Donne-lui, mercredi. (bis)

1. Apporte-lui. — Apporte-lui, mercredi.
2. Il est parti. — Il est parti, mercredi.
3. Elle m'a écrit. — Elle m'a écrit, mercredi.
4. J'ai fini. — J'ai fini, mercredi.
5. Redis-lui. — Redis-lui, mercredi.
6. Aidez-le. — Aidez-le, mercredi.
7. Il y était. — Il y était, mercredi.
8. Elle le verrait. — Elle le verrait, mercredi.

5.5

Remplacez le son vocalique par [e].

Replace the vowel sound with [e].

Exemple

You will hear: [si]
You say: sait
Then you will hear: sait (bis)

1. pris — pré
2. je — j'ai
3. gui — gué
4. ri — ré
5. taie — thé
6. dis — dé
7. fait — fée
8. frit — ferai

5.6

Remplacez le dernier son vocalique par [e].

Replace the last vowel sound with [e].

Exemple

You will hear: j'irais
You say: j'irai
Then you will hear: j'irai (bis)

1. j'aurais — j'aurai
2. fais-le — fêlé
3. était — été
4. parti — partez
5. déboulait — déboulé
6. terminait — terminer
7. l'ami — lamé
8. découds-le — découlé

5.7

Remplacez le premier son vocalique par [e].

Replace the first vowel sound with [e].

Exemple

You will hear: Denis
You say: des nids
Then you will hear: des nids (bis)

1. dessous — des sous
2. demi — démis
3. scierie — série
4. secours — c'est court
5. le fait — les faits
6. si chaud — c'est chaud
7. de secours — des secours
8. dimanche — des manches

5.8

Ajoutez [de] devant chaque mot ou groupe de mots.

Add [de] before each word or group of words.

Exemple

You will hear: faire
You say: défaire
Then you will hear: défaire (bis)

1.	dire	— dédire
2.	finir	— définir
3.	livrer	— délivrer
4.	libéré	— délibéré
5.	fais-le	— défais-le
6.	laissez	— délaissez
7.	coupe-les	— découpe-les
8.	sécher	— dessécher

5.9

Ajoutez [ʒe] devant chaque mot.

Add [ʒe] before each word.

Exemple

You will hear: rédigé
You say: j'ai rédigé
Then you will hear: j'ai rédigé (bis)

1.	édité	— j'ai édité
2.	été	— j'ai été
3.	aidé	— j'ai aidé
4.	imité	— j'ai imité
5.	évité	— j'ai évité
6.	terminé	— j'ai terminé
7.	décidé	— j'ai décidé
8.	exécuté	— j'ai exécuté

5.10

Remplacez le son vocalique par [ɛ].

Replace the vowel sound with [ɛ].

Exemple

You will hear: pie
You say: paix
Then you will hear: paix (bis)

1. cri — craie
2. fée — fait
3. tri — très
4. lit — lait
5. site — cette
6. dites — dette
7. frise — fraise
8. brise — braise

5.11

Remplacez le premier son vocalique par [ɛ].

Replace the first vowel sound with [ɛ].

Exemple

You will hear: tira
You say: taira
Then you will hear: taira (bis)

1. part — père
2. pécher — pêcher
3. rive — rêve
4. ils finissent — elles finissent
5. il est ici — elle est ici
6. irez — errez
7. il fait — elle fait
8. il vit — elle vit

5.12

Remplacez le dernier son vocalique par [ɛ].

Replace the last vowel sound with [ɛ].

Exemple

You will hear: rêver
You say: rêvait
Then you will hear: rêvait (bis)

1.	appris	—	après	6.	lirai — lirais
2.	créer	—	créait	7.	écrivez — écrivait
3.	semis	—	semait	8.	adressé — adressais
4.	je l'aurai	—	je l'aurais	9.	je ferai — je ferais
5.	donné	—	donnait	10.	plier — pliais

5.13

Remplacez le dernier son vocalique par [ə].

Replace the last vowel sound with [ə].

Exemple

You will hear: sait
You say: se
Then you will hear: se (bis)

1.	jet	—	je
2.	lit	—	le
3.	thé	—	te
4.	mets	—	me
5.	sait	—	se
6.	donne-les	—	donne-le
7.	révise-les	—	révise-le
8.	délègue-les	—	délègue-le
9.	félicite-les	—	félicite-le
10.	reproduis-les	—	reproduis-le

5.14

Ajoutez les mots **s'il te plaît** au début de chaque phrase.

Add the words s'il te plaît to the beginning of each sentence.

Exemple

You will hear: Rédige cette lettre.
Answer: S'il te plaît, rédige cette lettre.
Then you will hear: S'il te plaît, rédige cette lettre. (bis)

1. Écris à côté.   — S'il te plaît, écris à côté.
2. Finis le schéma.   — S'il te plaît, finis le schéma.
3. Cherche le dossier. — S'il te plaît, cherche le dossier.
4. Précise les faits.   — S'il te plaît, précise les faits.
5. Élimine les redites. — S'il te plaît, élimine les redites.

Pour les experts...*

5.15

À chaque numéro, lisez à haute voix le mot ou le groupe de mots écrit en alphabet phonétique. La prononciation correcte suivra. Il n'y a pas d'exemple.

For each number, pronounce the word or group of words written in phonetics. The correct pronunciation will follow. There is no example.

1. [pəti]   — petit

2. [ʀepete]   — répéter

3. [setɛ livɛʀ]   — c'était l'hiver

4. [il mimitɛ]   — il m'imitait

5. [il fəzɛ sɛk] — il faisait sec

---

* Les exercices 5.15, 5.16 et 5.17 s'adressent aux experts.

5.16   Transcrivez phonétiquement les groupes de mots.

                 Write the groups of words with the appropriate phonetic symbols.

                 1. le militaire   [lə militɛʀ]
                 2. c'était l'été   [setɛ lete]
                 3. et vite vite   [e vit vit]
                 4. le petit bébé   [lə pti bebe]
                 5. c'est fini   [se fini]

5.17*   Vous allez entendre la même phrase deux fois. La première
                 fois, écoutez-la; la deuxième fois, répétez-la en superposant
                 votre voix à celle de l'enregistrement. Vous pouvez vous
                 servir de la transcription phonétique du texte pour vous aider.

                 *You will hear the same sentence twice. The first time, just listen;
                 the second time, repeat the sentence along with the voice on the
                 tape. You may use the text written in phonetics to help you.*

---

* La transcription phonétique du texte enregistré se trouve à l'étape «Découverte».
  Photocopies nécessaires.

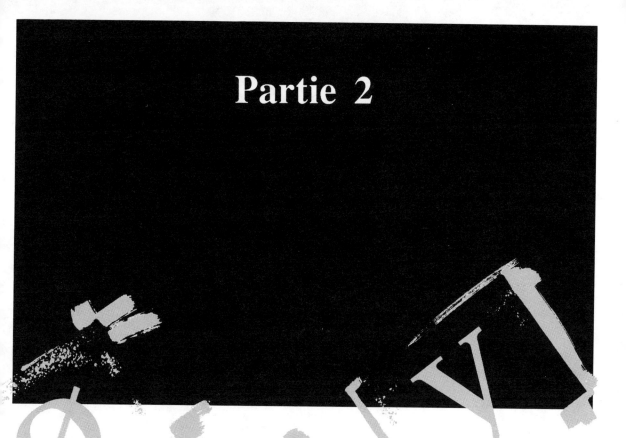

Partie 2

Les phonèmes [a] et [ɑ]

L'allongement du [a] et du [ɑ]

L'intonation de la phrase énonciative

Sommaire

Schéma du [a] et du [ɑ]

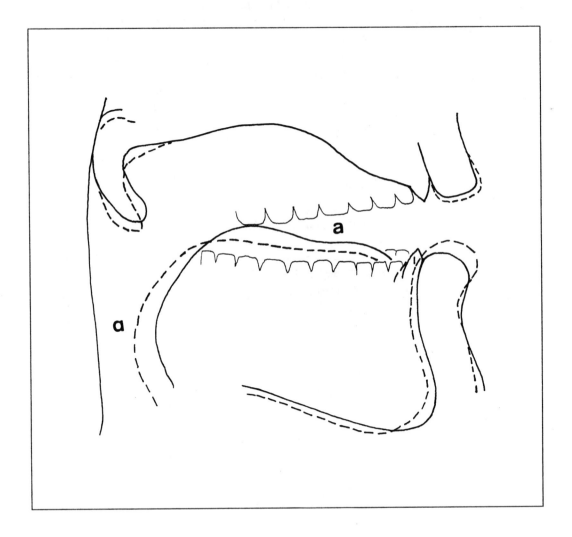

Description du contenu

Les phonèmes	canal émetteur	-	position des lèvres	-	point d'articulation
[a]	voyelle orale		ouverte		antérieur
[ɑ]	voyelle orale		ouverte		postérieur

Le timbre du [a] est clair, alors que celui du [ɑ] est plus sombre.

Il semble que la prononciation française du [ɑ] normatif évolue vers un seul [a]; pâte [pɑt] tend à se rapprocher de patte [pat].

La norme accepte parfois indifféremment [a] ou [ɑ] comme dans «carreau».

Il est à noter qu'en principe le [a] normatif s'emploie plus fréquemment que le [ɑ] normatif. Cependant, l'usage prouve que toute une gamme de prononciations allant du [a] au [ɑ] et parfois même au [ɔ] remplace souvent le [a] normatif.

Note : À l'étape «Découverte», la prononciation du [a] ou du [ɑ] relève de l'usage alors qu'aux étapes «Discrimination», «Répétition» et «Production», elle se rapproche davantage de la norme.

L'allongement du [a] et du [ɑ]

Quand ces voyelles sont accentuées et suivies d'une consonne, leur durée a tendance à être prolongée.

Le symbole [ː] marque l'allongement du temps d'émission de la voyelle.

Cet allongement disparaît quand l'accent se déplace sur la dernière syllabe sonore d'un autre mot du groupe rythmique :

- dans le mot «base», le [ɑ] est accentué et suivi d'une consonne prononcée :

  [bɑːz]

- dans le groupe de mots «base de données», l'accent tonique se déplace et le temps d'émission du [ɑ] raccourcit :

  [bɑz də dɔne]

L'intonation de la phrase énonciative

Affirmative ou négative, la phrase énonciative est formée d'un ou de plusieurs groupes rythmiques. Quand elle est formée d'un seul groupe rythmique, l'intonation est descendante. Quand elle est formée de plusieurs, l'intonation du premier groupe et des groupes intérieurs est montante alors que celle du dernier groupe est descendante :

Je crois que je ne pars pas avant vendredi.

[ʃkRwa / kə ʒən pɑR pɑ / avɑ̃ vɑ̃dRədi]

Difficultés et techniques de correction

[a] et [ɑ]

Le son [a] n'existe pas en anglais. Le son [ɑ] existe dans sa forme allongée comme dans le mot anglais «*car*» [kɑːR].

Pour faire prononcer le [a] antérieur projeté, on peut recourir à cette distinction :

[a] se prononce les lèvres écartées aux commissures;

[ɑ] se prononce les lèvres détendues.

Pour faire prononcer des sons vocaliques purs, on peut proposer la technique de la syllabation ouverte :

faire prononcer [la / ta / bl] [na / sjɔ / na / l]

plutôt que [la / tabl] [nasjɔnal]

1. Découverte

Objectif	Identifier les phénomènes phonétiques et prosodiques à l'étude.
Matériel	- Cassette : Partie 2.
Démarche proposée	- Utiliser la transcription phonétique des chansons et du texte de départ pour faciliter la discrimination auditive.*
	- Faire entendre les chansons et le texte de départ.
	- Faire découvrir les phénomènes à l'étude ou les présenter.
	- Utiliser la transcription phonétique du texte de départ comme exercice de lecture à haute voix à la fin de l'étape «Production».*

---

* Photocopies nécessaires.

Chansons

Trois fois passera La dernière, la dernière Trois fois passera La dernière y restera.	J'ai du bon tabac Dans ma tabatière J'ai du bon tabac Tu n'en auras pas.

Mardi, 4 avril...

Anne, à sa première journée à Parcs Canada.

Monsieur X — Pardon, Madame, la cafétéria s'il vous plaît?

Anne — Quatrième étage, face à l'ascenseur.

Monsieur X — Merci.

Anne — Je vous en prie.

Anne — Parcs Canada, Good morning.

Madame X — ...

Anne — C'est bien ça, ne quittez pas.

Monsieur Y — Excusez-moi, Mademoiselle. Madame Charlebois travaille ici, n'est-ce pas?

Anne — Pavillon central, pièce sept trente-trois.

Monsieur Y — C'est là, à droite?

Anne — Oui, c'est ça. À droite, et puis tout droit.

Monsieur Y — Merci.

Anne — Je vous en prie.

ʃɑ̃sɔ̃ //

tʀwa fwa pɑsəʀɑ	ʒe dy bɔ̃ taba
la dɛʀnjɛʀə / la dɛʀnjɛʀə	dɑ̃ ma tabatjɛʀə
tʀwa fwa pɑsəʀɑ	ʒe dy bɔ̃ taba
la dɛʀnjɛʀ y ʀɛstɛʀɑ //	ty nɑ̃ nɔʀɑ pɑ //

maʀdi / katʀ avʀil //

an / a sa pʀəmjɛʀ ʒuʀne / a paʀk kanada //

Monsieur X	— paʀdɔ̃ madam / la kafetɛʀja / sil vu plɛ //
Anne	— katʀijɛm etaʒ / fas a lasɑ̃sœʀ //
Monsieur X	— mɛʀsi //
Anne	— ʒvu zɑ̃ pʀi //

Anne	— paʀk kanada / gud mɔʀniɲ //
Madame X	— . . .
Anne	— se bjɛ̃ sa / nə kite pɑ //

Monsieur Y	— ɛkskyze mwa / madmwazɛl // madam ʃaʀləbwɑ / tʀavaj isi / nɛspɑ //
Anne	— pavijɔ̃ sɑ̃tʀal / pjɛs sɛt tʀɑ̃t tʀwa //
Monsieur Y	— se la / a dʀwat //
Anne	— wi / se sa / a dʀwat / e pɥi tu dʀwa //
Monsieur Y	— mɛʀsi //
Anne	— ʒvu zɑ̃ pʀi //

Après le travail, elle arrive au bar.

Mario, *un copain*	— Salut!
Anne	— Allô toi!
Mario	— Alors Anne? Parcs Canada, ça va?
Anne	— Ça va, j'aime ça.
Le serveur	— Pour Madame, ce sera...
Anne	— Une vodka... non, un martini, trois olives et des glaçons. On fête ça!

apʀɛl tʀavaj / ɛl aʀiv o baʀ //

Mario, *un copain*	— saly //
Anne	— alo twa //
Mario	— alɔʀ an // paʀk kanada / sa va //
Anne	— sa va / ʒɛm sa //
Le serveur	— puʀ madam / sə sʀɑ //
Anne	— yn vɔdka // nɔ̃ / œ̃ maʀtini / twʀɑ zɔliv
	/ e de glasɔ̃ // ɔ̃ fɛt sa //

Objectif	Reconnaître certains phénomènes phonétiques et prosodiques à l'étude dans des contextes favorables.
Matériel	- Cassette : Partie 2.
Démarche proposée	- Faire entendre les séries de mots et d'énoncés.
	- Faire reconnaître les phénomènes.

---

1. [a]

ma	lac	chasse	faste
voilà	clac!	race	quatre

2. [ɑ]

bas	tas	pâte	classe
cas	âne	tâche	grâce

3. [a] – [ɑ]

ma	-	mât	Anne	-	âne
la	-	las	malle	-	mâle
pale	-	pâle	lame	-	l'âme

4. **La place de l'accent**

Voici Charles et voici son cheval.
Chaque année, on va au carnaval.
Quatrième étage, face à l'ascenseur.
Un martini, trois olives et beaucoup de glaçons.
Oui, c'est ça. À droite, et puis tout droit.

Objectif	Distinguer les phénomènes phonétiques et prosodiques à l'étude dans divers contextes.
Matériel	- Cassette : Partie 2. - Feuilles-réponses.
Démarche proposée	- Faire discriminer les phénomènes des exercices 3.1 à 3.7* en classe ou au laboratoire.

- Évaluer la performance.

- Passer à l'étape «Répétition» si le score total obtenu est d'au moins 80 %, soit 50 sur 63 dans les exercices 3.1 à 3.6.

- Refaire discriminer les phénomènes en cas d'échec :
  · en reprenant l'étape «Perception»;
  · en refaisant les exercices de l'étape «Discrimination», avec ou sans la transcription phonétique.

---

* L'exercice 3.7 s'adresse aux experts.

3.1

Écrivez **1** ou **2** pour indiquer combien de groupes rythmiques il y a dans chaque énoncé.

*Write **1** or **2** to indicate the number of rhythmic groups in each sentence.*

Exemple

You will hear: Jacques s'en va à la chasse.
[ʒak / sɑ̃ va a la ʃas]

Answer: 2

1. Il aime ça.   1
   [il ɛm sa]

2. Il reviendra avec un orignal.   2
   [il ʀəvjɛ̃dʀɑ / avɛk œ̃ nɔʀiɲal]

3. Marie aussi sera là.   2
   [maʀi osi / sʀɑ la]

4. Marie, c'est sa femme.   2
   [maʀi / se sa fam]

5. Elle aime la chasse.   1
   [ɛl ɛm la ʃas]

Score   1 point par item   /5

3.2

Indiquez le nombre de syllabes marquées d'une intonation descendante.

Indicate the number of stressed syllables with falling intonation.

Exemple

You will hear: C'est la patte de la chatte.
[se la pat dla ʃat]

Answer: 1

1. Anne est ici. Elle travaille.   2
   [an e tisi // ɛl tʀavaj]

2. Anne est ici, elle travaille.   1
   [an e tisi / ɛl tʀavaj]

3. Voici le rapport. Voilà le contrat.   2
   [vwasil ʀapɔʀ // vwalal kɔ̃tʀa]

4. Voici le rapport, voilà le contrat.   1
   [vwasil ʀapɔʀ / vwalal kɔ̃tʀa]

5. J'aime la vanille et le chocolat.   1
   [ʒɛm la vanij el ʃɔkɔla]

Score   1 point par item   **/5**

Discrimination

3.3

Écrivez I ou D selon que les mots sont identiques ou différents.

Write I or D to indicate whether the words are identical or different.

Exemple

You will hear: ma - mât   [ma] - [mɑ]
Answer: D *for different*

1.	mal - mâle	[mal] - [mɑl]	D
2.	patte - patte	[pat] - [pat]	I
3.	cahier - caillé	[kaje] - [kɑje]	D
4.	pâte - patte	[pɑt] - [pat]	D
5.	mate - mâte	[mat] - [mɑt]	D
6.	gagner - gagner	[gaɲe] - [gaɲe]	I
7.	bail - baille	[baj] - [bɑj]	D
8.	pâle - pâle	[pɑl] - [pɑl]	I
9.	tache - tâche	[taʃ] - [tɑʃ]	D
10.	halle - hâle	[al] - [ɑl]	D

Score

1 point par item   /10

Partie 2

3.4

Écrivez **I** ou **D** selon que les sons [a] ou [ɑ] d'un même mot ou groupe de mots sont identiques ou différents.

Write I or D to indicate if, within each word or group of words, the vowel sounds [a] or [ɑ] are identical or different.

Exemple

You will hear: cravate   [kʀavat]
Answer: I   *for identical*

1.	paperasse	[papʀas]	I
2.	tabac	[taba]	I
3.	cavale	[kaval]	I
4.	cabas	[kabɑ]	D
5.	là-bas	[labɑ]	D
6.	chacal	[ʃakal]	I
7.	cadavre	[kadɑvʀ]	D
8.	chaque fois	[ʃak fwa]	I
9.	Parcs Canada	[paʀk kanada]	I
10.	caméra	[kameʀa]	I

Score   1 point par item   /10

3.5

Indiquez le nombre de syllabes contenues dans chaque mot ou groupe de mots.

Indicate the number of syllables in each word or group of words.

Exemple

You will hear: voilà   [vwala]
Answer: 2

1.	hiérarchique	[jeʀaʀʃik]	3
2.	bilan annuel	[bilɑ̃ anɥɛl]	4
3.	le rapport est là	[lə ʀapɔʀ e la]	5
4.	Statistique Canada	[statistik kanada]	6
5.	le Secrétariat d'État	[lə səkʀetaʀjɑ deta]	7
6.	il n'y a pas de carcajous	[il njɑ pɑt kaʀkaʒu]	6
7.	une promenade à cheval	[yn pʀɔmnad a ʃʃal]	5
8.	une valse pour Marc	[yn vals puʀ maʀk]	4
9.	on dansera	[ɔ̃ dɑ̃sʀɑ]	3
10.	de la glace	[dla glas]	2

Score

2 points par item   **/20**

3.6

A) Encerclez les chiffres correspondant aux syllabes qui contiennent le son [a].

Circle the numbers that correspond to the syllables containing the sound [a].

Exemple

You will hear: facteur   [ʃaktœʀ]
Answer: ① 2

1.	rentable	[ʀɑ̃tabl]	1 ②
2.	fédéral	[ʃederal]	1 2 ③
3.	analyse	[analiz]	① ② 3
4.	national	[nasjɔnal]	① 2 ③
5.	programme d'action	[pʀɔɡʀam daksjɔ̃]	1 ② ③ 4

B) Encerclez les chiffres correspondant aux syllabes qui contiennent le son [ɑ].

Circle the numbers that correspond to the syllables containing the sound [ɑ].

1.	repas	[ʀəpɑ]	1 ②
2.	théâtre	[teɑtʀ]	1 ②
3.	le train passe	[lə tʀɛ̃ pɑs]	1 2 ③
4.	une tâche facile	[yn tɑʃ fasil]	1 ② 3 4
5.	elle était pâle	[ɛl ete pɑl]	1 2 3 ④

Score   1 point par son identifié   /13

Pour les experts...

3.7

Écrivez 1 si la voyelle est longue et 0 si elle est brève.

Write 1 if the vowel is long and 0 if it is short.

Exemple

You will hear: pâle   [pɑːl]
Answer: 1

1.	date	[dat]	0
2.	grave	[gʀaːv]	1
3.	sac	[sak]	0
4.	race	[ʀas]	0
5.	part	[pɑːʀ]	1
6.	mal	[mal]	0
7.	pas	[pɑ]	0
8.	passe	[pɑːs]	1
9.	lâche	[lɑːʃ]	1
10.	gâteau	[gɑto]	0
11.	bas	[bɑ]	0
12.	tâche	[tɑːʃ]	1

Objectif	Reproduire les phénomènes phonétiques et prosodiques à l'étude dans divers contextes.
Matériel	- Cassette : Partie 2.
Démarche proposée	- Faire répéter les mots ou les groupes de mots en classe, puis au laboratoire s'il y a lieu.
	- Pour corriger la prononciation, le rythme ou l'intonation, se référer à la section «Remarques».

Écoutez et reproduisez chaque mot ou groupe de mots en portant attention à la prononciation, au rythme et à l'intonation.

Listen to each word or group of words and repeat, paying particular attention to pronunciation, rhythm and intonation.

1. tact
2. mât
3. ta
4. tas
5. attaque-la

6. malle
7. mâle
8. l'âme
9. lame
10. classe

11. J'aime les glaces à la vanille.
12. L'annulation du contrat m'a ravi.
13. Voilà la gratte et le râteau.
14. Ce sont les caves du château.
15. Marianne aime sa nouvelle classe.

Objectif	Produire les phénomènes phonétiques et prosodiques à l'étude dans des exercices de plus en plus complexes.
Matériel	- Cassette : Partie 2. - Feuilles-réponses.
Démarche proposée	- Faire produire les phénomènes des exercices 5.1 à 5.5* en classe, puis au laboratoire s'il y a lieu.
	- Utiliser la transcription phonétique du texte de l'étape «Découverte» comme exercice de lecture à haute voix.*

5.1

Répétez le stimulus, puis remplacez [ɑ] par [a].

First repeat the cue, then replace [ɑ] with [a].

Exemple

You will hear: las
You say: las - la
Then you will hear: las - la   (bis)

1.	tas	tas	- ta
2.	pâle	pâle	- pale
3.	tâche	tâche	- tache
4.	caillé	caillé	- cahier
5.	carreau	carreau	- carreau

---

* L'exercice 5.5 s'adresse aux experts. Photocopies nécessaires.

5.2

Écoutez d'abord un énoncé à intonation descendante. Produisez-le ensuite avec une intonation montante pour en faire un énoncé interrogatif.

First listen to the sentence with falling intonation. Then repeat the sentence with ascending intonation to make it interrogative.

Exemple

You will hear: C'est là.
You say: C'est là?
Then you will hear: C'est là? (bis)

1. Jacques est parti.	Jacques est parti?
2. Faire une promenade à cheval.	Faire une promenade à cheval?
3. À la chasse.	À la chasse?
4. Voir le comptable.	Voir le comptable?
5. Passer le contrat.	Passer le contrat?

5.3

Répondez aux questions qui suivent.

Answer the following questions.

Exemple

You will hear: Il boit?
You say: Il boit.
Then you will hear: Il boit. (bis)

1. Martini?	Martini.
2. Glaçons?	Glaçons.
3. Vodka?	Vodka.
4. Elle a soif?	Elle a soif.
5. Il est paf?	Il est paf.

5.4

Écoutez le texte segmenté de l'étape «Découverte». Après chaque segment, répondez à chacune des questions. La réponse enregistrée suivra.

Listen to the segments of text from the section called "Découverte". Answer the questions that follow each segment. Correct responses will be provided on tape.

1.	a) Où travaille Anne?	Elle travaille à Parcs Canada.
	b) Où est la cafétéria?	Au quatrième étage, face à l'ascenseur.
2.	Où travaille Mme Charlebois?	Au pavillon central, pièce sept trente-trois.
3.	a) Anne aime son travail?	Elle aime ça.
	b) Qu'est-ce qu'elle prend?	Un martini, trois olives et des glaçons.

Pour les experts...

5.5*

Vous allez entendre la même phrase deux fois. La première fois, écoutez-la; la deuxième fois, répétez-la en superposant votre voix à celle de l'enregistrement. Vous pouvez vous servir de la transcription phonétique du texte pour vous aider.

You will hear the same sentence twice. The first time, just listen; the second time, repeat the sentence along with the voice on the tape. You may use the text written in phonetics to help you.

---

* La transcription phonétique du texte enregistré se trouve à l'étape «Découverte». Photocopies nécessaires.

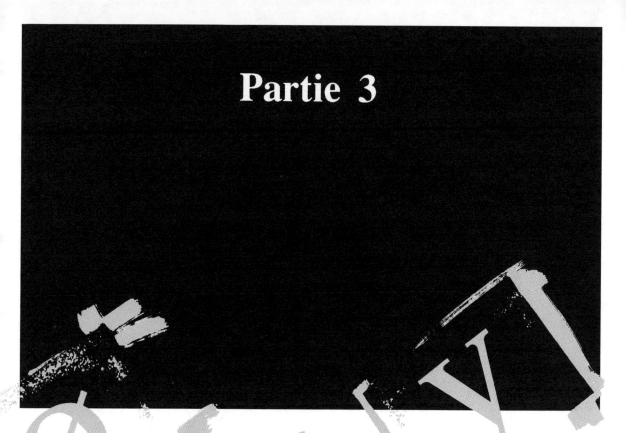

Partie 3

Les phonèmes [y] et [u]

La phrase interrogative par intonation

Sommaire

Remarques

Description du contenu

Les phonèmes	canal émetteur	position des lèvres	point d'articulation
[y]	voyelle orale	fermée, arrondie	antérieur
[u]	voyelle orale	fermée, arrondie	postérieur

La phrase interrogative par intonation

La phrase interrogative par intonation ne comporte aucun mot interrogatif. Elle se caractérise par son intonation montante :

> Tu as vu Suzie?   [ty ɑ vy syzi]

Difficultés et techniques de correction

[y]

Pour éliminer le [j] qui accompagne le [y] chez les anglophones, travailler la tension de cette voyelle de la façon suivante :

- Effectuer le passage du [i] vers le [u], le [y] étant intermédiaire entre ces deux voyelles. Du [i] au [y], seules les lèvres changent de position.
- Placer le son à la fin d'une intonation montante pour en faciliter la tension.
- Associer le son aux consonnes [s] et [z] pour en faciliter la prononciation.

[u]

Afin de corriger la diphtongaison de ce phonème et d'en favoriser la tension, il est utile :

- d'allonger le temps d'émission du [u] en le faisant suivre des consonnes allongeantes [ʀ], [v], [z], [ʒ];
- de placer le [u] au début de groupes rythmiques ou en position initiale dans un mot :

> Où est Jean?   [u e ʒɑ̃]
> ouragan   [uʀagɑ̃]

[y] et [u]

Afin de conserver aux phonèmes [y] et [u] leur timbre pur quand ils sont suivis d'une consonne, il convient de rattacher cette consonne à la syllabe qui suit :

    douze amis   [du zami]
    sur la table   [sy ʀla tabl]

Pour renforcer le caractère labialisé du [y] et du [u], les associer aux consonnes [m] et [ʃ].

1. Découverte

Objectif Identifier les phénomènes phonétiques et prosodiques à l'étude.

Matériel - Cassette : Partie 3.

Démarche proposée
- Utiliser la transcription phonétique du texte de départ pour faciliter la discrimination auditive.*

- Faire entendre le texte de départ.

- Faire découvrir les phénomènes à l'étude ou les présenter.

- Utiliser la transcription phonétique du texte de départ comme exercice de lecture à haute voix à la fin de l'étape «Production».*

---

* Photocopies nécessaires.

La roulotte de Marius

Marius — Tu ne pousses plus?

Ami — C'est ton tour.

Marius — Alors, tu tires?

Ami — Je trouve ça dur!

Marius — Tu as entendu?

Ami — Ça doit être tordu.

Marius — Roule, roulotte.

Ami — Tourne la roue! Marius.

Marius — On joue le tout pour le tout?

Ami — Ça fait trop longtemps que ça dure.

On n'a plus rien à perdre.

Marius — Ouf!

Je n'ai plus de souffle!

la ʀulɔt də maʀjys //

Marius — tyn pus ply //

Ami — se tɔ̃ tuʀ //

Marius — alɔʀ / ty tiʀ //

Ami — ʃtʀuv sa dyʀ //

Marius — ty ɑ ɑ̃tɑ̃dy //

Ami — sa dwa tɛt tɔʀdy //

Marius — ʀul / ʀulɔt //

Ami — tuʀn la ʀu / maʀjys //

Marius — ɔ̃ ʒu lə tu puʀ lə tu //

Ami — sa fɛ tʀo lɔ̃tɑ̃ ksa dyʀ //

ɔ̃ nɑ ply ʀjɛ̃ na pɛʀdʀ //

Marius — uf //

ʒne ply tsufl //

Objectif	Reconnaître certains phénomènes phonétiques et prosodiques à l'étude dans des contextes favorables.
Matériel	- Cassette : Partie 3.
Démarche proposée	- Faire entendre les séries de mots et d'énoncés.
	- Faire reconnaître les phénomènes.

---

1. [y]

vu	cru	sur	humus
lu	pur	lune	hutte
su	dur	murmure	guipure

2. [u]

houx	nous	doute	houle
loup	roux	pouce	découle
mou	bout	jour	roucoule

3. [y] – [u]

lu	-	loup	pur	-	pour
vu	-	vous	sur	-	sourd
tu	-	tout	puce	-	pouce
sue	-	sous	russe	-	rousse
rue	-	roux	huppe	-	houppe
but	-	bout	hurle	-	ourle

4. La phrase interrogative par intonation

Tu as vu Suzie?

Tu l'as su?

On ne joue plus?

C'est pour toujours?

Il est plus connu?

Objectif	Distinguer les phénomènes phonétiques et prosodiques à l'étude dans divers contextes.
Matériel	- Cassette : Partie 3. - Feuilles-réponses.

Démarche proposée	- Faire discriminer les phénomènes des exercices 3.1 à 3.5 en classe ou au laboratoire.
	
	- Évaluer la performance.
	
	- Passer à l'étape «Répétition» si le score total obtenu est d'au moins 80 %, soit 48 sur 60.
	
	- Refaire discriminer les phénomènes en cas d'échec :
	  · en reprenant l'étape «Perception»;
	  · en refaisant les exercices de l'étape «Discrimination», avec ou sans la transcription phonétique.

3.1

Écrivez **I** ou **D** selon que les mots ou groupes de mots sont identiques ou différents.

*Write **I** or **D** to indicate whether the words or groups of words are identical or different.*

Exemple

You will hear: sur   - sur
[syʀ] - [syʀ]
Answer: I   *for identical*

1.	mire	-	mur		**D**
	[miʀ]	-	[myʀ]		
2.	fou rire	-	fourrure		**D**
	[fu ʀiʀ]	-	[fuʀyʀ]		
3.	joute	-	jute		**D**
	[ʒut]	-	[ʒyt]		
4.	structure	-	structure		**I**
	[stʀyktyʀ]	-	[stʀyktyʀ]		
5.	il est doux	-	il est dû		**D**
	[il e du]	-	[il e dy]		
6.	viaduc	-	viaduc		**I**
	[vjadyk]	-	[vjadyk]		
7.	ils dirent	-	ils durent		**D**
	[il diʀ]	-	[il dyʀ]		
8.	la mue	-	la moue		**D**
	[la my]	-	[la mu]		
9.	soucoupe	-	soucoupe		**I**
	[sukup]	-	[sukup]		
10.	jupe	-	jupe		**I**
	[ʒyp]	-	[ʒyp]		

Score   1 point par item   **/10**

3.2

Écoutez les mots et complétez la transcription phonétique à l'aide des symboles phonétiques [y] ou [u].

Listen to the words and fill in the blanks with the appropriate phonetic symbol, either [y] *or* [u].

Exemple

While you read: [ʒ _ ʒ _ b]
You will hear: jujube [ʒyʒyb]
Answer: [ʒyʒyb]

1.	surtout	[syʀtu]
2.	toujours	[tuʒuʀ]
3.	fourrure	[fuʀyʀ]
4.	coupure	[kupyʀ]
5.	coutume	[kutym]
6.	voulu	[vuly]
7.	surplus	[syʀply]
8.	brûlure	[bʀylyʀ]
9.	coup dur	[ku dyʀ]
10.	structure	[stʀyktyʀ]

Score   2 points par item   **/20**

3.3

Encerclez les chiffres correspondant aux mots identiques de chaque série. Encerclez 0 si les trois mots sont différents.

Circle the numbers that correspond to the identical words in each series. Circle 0 if all three words are different.

Exemple

You will hear: lu   lit   lu
        [ly] [li] [ly]

Answer: ① 2 ③ 0

#				
1.	mire [miʀ]	mur [myʀ]	mur [myʀ]	1 ② ③ 0
2.	pour [puʀ]	pur [pyʀ]	pour [puʀ]	① 2 ③ 0
3.	dur [dyʀ]	dur [dyʀ]	dire [diʀ]	① ② 3 0
4.	sur [syʀ]	sourd [suʀ]	cire [siʀ]	1 2 3 ⓪
5.	bouche [buʃ]	bouche [buʃ]	bûche [byʃ]	① ② 3 0
6.	sud [syd]	sud [syd]	sud [syd]	① ② ③ 0
7.	vue [vy]	vous [vu]	vie [vi]	1 2 3 ⓪
8.	dessus [dəsy]	dessus [dəsy]	dessous [dəsu]	① ② 3 0
9.	puce [pys]	pouce [pus]	puce [pys]	① 2 ③ 0
10.	rue [ʀy]	roue [ʀu]	ri [ʀi]	1 2 3 ⓪

Score   1 point par item   /10

Discrimination

69

3.4

Écoutez les énoncés et complétez la transcription phonétique à l'aide des symboles phonétiques [y] ou [u].

Listen to each sentence and fill in the blank with the appropriate phonetic symbol, either [y] or [u].

Exemple

While you read: [ʒle s _]
You will hear: Je l'ai su. [ʒle sy]
Answer: [ʒle sy]

1. Sou pour sou.   [su puʀ su]
2. C'est un abus.   [se tœ̃ naby]
3. J'ai vendu ma voiture.   [ʒe vɑ̃dy ma vwatyʀ]
4. Une dure lutte.   [yn dyʀ lyt]
5. Joue contre joue.   [ʒu kɔ̃tʀə ʒu]
6. Je joue le tout pour le tout.   [ʒə ʒu lə tu puʀ lə tu]
7. Ni vu ni connu.   [ni vy ni kɔny]
8. Il perd la boule.   [il pɛʀ la bul]
9. J'ai perdu ma plume.   [ʒe pɛʀdy ma plym]
10. J'ai mal au cou.   [ʒe mal o ku]

Score   1 point par item   /10

3.5

Écrivez le symbole approprié pour indiquer si l'intonation de l'énoncé est montante ╱ ou descendante ╲ .

Write the appropriate symbol to indicate whether the statement has rising intonation ╱ or falling intonation ╲ .

Exemple

Your will hear: Tu l'as perdu?
Answer: [ty la pɛʀdy]╱

1. Vous fumez?   [vu ʃyme]╱

2. Ils sont partout.   [il sɔ̃ paʀtu]╲

3. Tu l'as relu?   [ty la ʀəly]╱

4. Tu l'as perdu.   [ty la pɛʀdy]╲

5. J'ai tout su.   [ʒe tu sy]╲

6. C'est tout vu.   [se tu vy]╲

7. C'est dû aux coûts?   [se dy o ku]╱

8. C'est dû aux coûts.   [se dy o ku]╲

9. Vous êtes chez vous?   [vu zɛt ʃe vu]╱

10. Pas du tout.   [pɑ dy tu]╲

Score   1 point par item   **/10**

Objectif   Reproduire les phénomènes phonétiques et prosodiques à l'étude dans divers contextes.

Matériel   - Cassette : Partie 3.

Démarche   - Faire répéter les mots ou les groupes de mots en classe,
proposée   puis au laboratoire s'il y a lieu.

                      - Pour corriger la prononciation, le rythme ou l'intonation, se
                        référer à la section «Remarques».

Écoutez, puis reproduisez chaque mot ou groupe de mots en portant attention à la prononciation, au rythme et à l'intonation.

Listen to each word or group of words and repeat, paying particular attention to pronunciation, rhythm and intonation.

1. Mur
    Sur le mur?
    Tire sur le mur.

2. Vous avez vu?
    Vous avez vu les loups?
    J'ai vu les loups.

3. Les trous
    Les trous dans la rue
    Il bouche les trous?

4. Peinture
    Elle suit des cours?
    Elle suit des cours de peinture.

5. Vous fumez?
    Je ne fume plus.
    Plus du tout?
    Je ne fume plus du tout.

Pour les experts...

6. Il bouche les trous.
    Il bouche les trous dans la rue.
    Il bouche tous les trous dans la rue.

7. Jules a bu du jus.
    Tu as vu? Jules a bu du jus.
    Ursule, tu as vu? Jules a bu du jus.

Objectif	Produire les phénomènes phonétiques et prosodiques à l'étude dans des exercices de plus en plus complexes.
Matériel	- Cassette : Partie 3. - Feuilles-réponses, 5.3.
Démarche proposée	- Faire produire les phénomènes des exercices 5.1 à 5.4* en classe, puis au laboratoire s'il y a lieu. - Utiliser la transcription phonétique du texte de l'étape «Découverte» comme exercice de lecture à haute voix.*

5.1

Répétez le stimulus, puis remplacez le son vocalique.

First repeat the cue, then replace the vowel sound.

A. *Replace* [i] *with* [y].

Exemple

You will hear: six
You say: six - suce
Then you will hear: six - suce (bis)

1.	bris	bris	- bru
2.	mire	mire	- mur
3.	je fis	je fis	- je fus
4.	la vie	la vie	- la vue
5.	tu lis	tu lis	- tu lus
6.	Gilles	Gilles	- Jules
7.	une mise	une mise	- une muse
8.	une biche	une biche	- une bûche
9.	elle crie	elle crie	- elle crut
10.	des rimes	des rimes	- des rhumes

B. *Replace* [i] *with* [u].

Exemple

You will hear: dix
You say: dix - douce
Then you will hear: dix - douce (bis)

1.	vie	vie	- vous
2.	un lit	un lit	- un loup
3.	des scies	des scies	- des sous
4.	il nie	il nie	- il noue
5.	dise	dise	- douze
6.	une file	une file	- une foule
7.	une miche	une miche	- une mouche
8.	un sire	un sire	- un sourd
9.	elle quitte	elle quitte	- elle coûte
10.	la redite	la redite	- la redoute

C. *Replace* [y] *with* [u].

Exemple

You will hear: vu
You say: vu - vous
Then you will hear: vu - vous (bis)

1.	les jus	les jus	- les joues
2.	dessus	dessus	- dessous
3.	les rues	les rues	- les roues
4.	les bulles	les bulles	- les boules
5.	les buts	les buts	- les bouts
6.	des puces	des puces	- des pouces
7.	une mule	une mule	- une moule
8.	une bûche	une bûche	- une bouche
9.	une bure	une bure	- une bourre
10.	elle est russe	elle est russe	- elle est rousse

5.2

Changez l'intonation pour rendre la phrase interrogative.

Change the intonation to make the sentences interrogative.

Exemple

You will hear: Vous avez vu.
You say: Vous avez vu?
Then you will hear: Vous avez vu? (bis)

1. Tu n'as rien su.   Tu n'as rien su?
2. Jules, c'est vous.   Jules, c'est vous?
3. Tu l'as vu.   Tu l'as vu?
4. Vous restez avec nous.   Vous restez avec nous?
5. Tu fumes.   Tu fumes?
6. Vous voulez tous.   Vous voulez tous?
7. Tu vas dans le sud.   Tu vas dans le sud?
8. Ils sont douze.   Ils sont douze?
9. Tu as une excuse.   Tu as une excuse?
10. Elle est dans la cour.   Elle est dans la cour?

5.3

Écoutez chacune des phrases, puis lisez à haute voix chaque énoncé écrit en alphabet phonétique en respectant le schéma intonatif.

Listen to each sentence, then read aloud the phonetic transcription, paying particular attention to the intonation pattern.

Exemple

You will hear: Tu cours?
You read and you say: [ty kuʀ]

Then you will hear: Tu cours? (bis)

1. Vous fumez?   [vu fyme]

2. Tu l'as vu?   [ty la vy]

3. Tu l'as perdu?   [ty la pɛʀdy]

4. Tu tires?   [ty tiʀ]

5. Tu l'as su?   [ty la sy]

6. Tu as vu Suzie?   [ty a vy syzi]

7. Tu y vois un but?   [ty i vwa œ̃ by]

8. Tu as vu la sculpture?   [ty a vy la skyltyʀ]

9. Tu as perdu ta plume?   [ty a pɛʀdy ta plym]

10. Tu as vu les coûts?   [ty a vy le ku]

Pour les experts...

5.4*

Vous allez entendre la même phrase deux fois. La première fois, écoutez-la; la deuxième fois, répétez-la en superposant votre voix à celle de l'enregistrement. Vous pouvez vous servir de la transcription phonétique du texte pour vous aider.

You will hear the same sentence twice. The first time, just listen; the second time, repeat the sentence along with the voice on the tape. You may use the text written in phonetics to help you.

---

* La transcription phonétique du texte enregistré se trouve à l'étape «Découverte». Photocopies nécessaires.

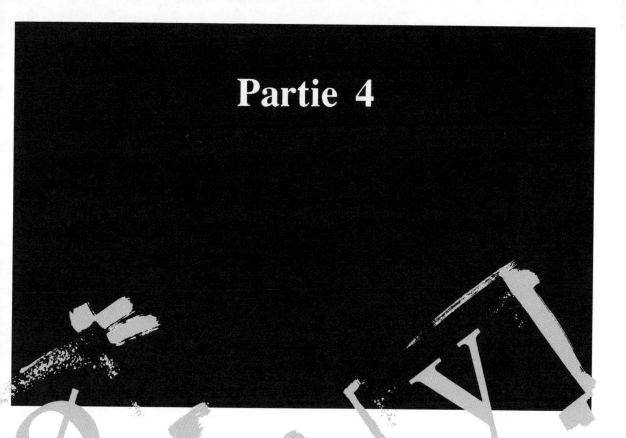

Partie 4

Les phonèmes [ɔ] et [o]

L'intonation de la phrase exclamative

La phrase implicite

L'allongement du [ɔ] et du [o]

Sommaire
81

Schéma du [ɔ] **et du** [o]

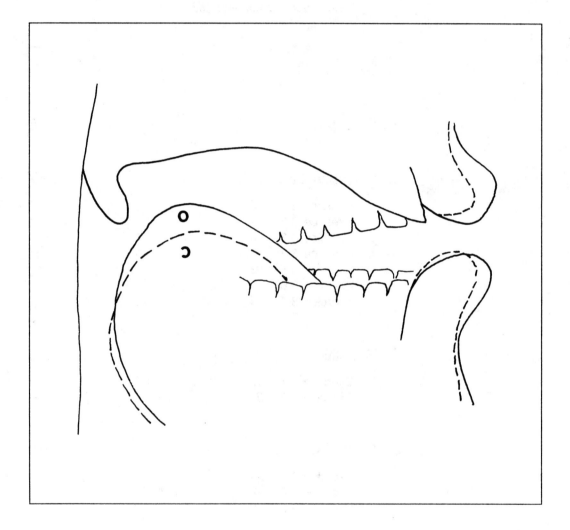

Description du contenu

Les phonèmes	canal émetteur - position des lèvres - point d'articulation
[ɔ]	voyelle orale mi-ouverte, arrondie postérieur
[o]	voyelle orale mi-fermée, arrondie postérieur

Comme ces deux phonèmes existent en anglais, leur prononciation ne pose pas de difficultés particulières :

[ɔ]   comme dans *lot*   [lɔt]
[o]   comme dans *obey*   [oʹbei]

L'intonation de la phrase exclamative

L'intonation est montante dans une phrase exclamative sans mot exaclamatif et descendante dans une phrase commençant par un mot exclamatif :

Il est gros!   [il e gʀo]

Comme il est gros!   [kɔm il e gʀo]

La phrase implicite

Dans la phrase implicite, ni le vocabulaire ni la syntaxe ne sont suffisamment explicites pour en permettre l'interprétation; l'intonation et le rythme deviennent les véritables clefs sémantiques.

Dans la conversation courante, ce type d'énoncé est très fréquent :

Ah!   Hi!   Oh!

Ces trois mots ne signifient, ni plus ni moins, que ce que le locuteur réussira à transmettre comme émotion à travers des éléments strictement rythmiques ou intonatifs.

L'accent tonique et l'accent rythmique deviennent accents d'insistance, totalement assujettis aux besoins subjectifs d'expression :

Avec qui?   [avɛk ki]   [avɛk ki]

[avɛk / ki]   [a / vɛk / ki]

L'allongement du [ɔ] et du [o]

Le temps d'émission du [ɔ] ou du [o] se prolonge quand ce son vocalique est accentué et suivi d'une consonne prononcée; on retrouve ce phénomène avec un accent rythmique :

Il est fort.   [il e fɔːʀ]

mais :

Il est fort joli.   [il e fɔʀ ʒɔli]

ou avec un accent tonique appelé aussi accent d'insistance :

Il est fort joli.   [il e ᶠɔːʀ ʒɔli]

L'allongement exagère la position de la langue, des lèvres et des mâchoires; avec la syllabation ouverte, l'allongement permet de vérifier la pureté d'émission de la voyelle.

Rappelons que le symbole de l'allongement est [ː] et que le phénomène de l'allongement de la voyelle a déjà été abordé dans la partie 2.

Objectif	Identifier les phénomènes phonétiques et prosodiques à l'étude.
Matériel	- Cassette : Partie 4.
Démarche proposée	- Faire entendre les textes de départ.
	- Faire identifier les phénomènes à l'étude ou les présenter.

Au téléphone

- Allo.
- ...
- Allo!
- ...
- Oh!
- ...
- Ça alors!
- ...
- Oh...
- ...
- D'accord! Au revoir.

Joyeux Noël!

- Ho! Ho! Ho!
  Ah! Ah! Ah!
- Ah?
- Oh!
- Oh! le beau collier.
- Et alors?
- ... des chaussettes.
- Ho! Ho! Ho!

Objectif	Reconnaître certains phénomènes phonétiques et prosodiques à l'étude dans des contextes favorables.
Matériel	- Cassette : Partie 4.
Démarche proposée	- Faire entendre les séries de mots et d'énoncés.
	- Faire reconnaître les phénomènes.

---

1. [ɔ]

fort	vol	corps	octobre
bord	sol	bonne	innove

2. [o]

do	beau	aube	rauque
faux	chaud	saule	gauche

3. [o] – [ɔ]

pôle	-	Paul	saule	-	sol
Maude	-	mode	rauque	-	roc
vôtre	-	votre	paume	-	pomme
nôtre	-	notre	Aude	-	ode

4. Les variantes d'intonation

a) C'est beau!
C'est beau?
C'est beau...

b) Pas encore?
Pas encore!
Pas encore. (neutre)
Pas encore. (colère)

c) C'est à gauche!
C'est à gauche.
C'est... à gauche.

5. L'allongement du [ɔ] et du [o]

jaune	jaunisse
téléphone	téléphonique
côte	côtier
baume	baumier
Il est fort.	Il est fort beau.
C'est un trésor.	C'est un trésorier.

Objectif	Distinguer les phénomènes phonétiques et prosodiques à l'étude dans divers contextes.
Matériel	- Cassette : Partie 4. - Feuilles-réponses.
Démarche proposée	- Faire discriminer les phénomènes des exercices 3.1 à 3.7* en classe ou au laboratoire.
	- Évaluer la performance.
	- Passer à l'étape «Répétition» si le score total obtenu est d'au moins 80 %, soit 62 sur 78 dans les exercices 3.1 à 3.6.
	- Refaire discriminer les phénomènes en cas d'échec : 　·　en reprenant l'étape «Perception»; 　·　en refaisant les exercices de l'étape «Discrimination», avec ou sans la transcription phonétique.

---

* L'exercice 3.7 s'adresse aux experts.

3.1

Écrivez I ou D selon que les mots sont identiques ou différents.

Write I or D to indicate whether the words in pairs are identical or different.

Exemple

You will hear: Paul - pôle
[pɔl] - [pol]
Answer: **D** *for different*

1.	hôte [ot]	-	hotte [ɔt]	D
2.	loge [lɔʒ]	-	loge [lɔʒ]	I
3.	saule [sol]	-	sol [sɔl]	D
4.	paume [pom]	-	paume [pom]	I
5.	côte [kot]	-	cote [kɔt]	D
6.	nôtre [notʀ]	-	notre [nɔtʀ]	D
7.	Beauce [bos]	-	Beauce [bos]	I
8.	beauté [bote]	-	beauté [bote]	I
9.	sotte [sɔt]	-	saute [sot]	D
10.	roc [ʀɔk]	-	rauque [ʀok]	D

Score

1 point par item /10

3.2

A) Encerclez les chiffres correspondant aux syllabes qui contiennent le son [ɔ].

Circle the numbers that correspond to the syllables containing the sound [ɔ].

Exemple

You will hear: pilote   [pilɔt]

Answer: 1 ②

1. aorte	[aɔʀt]	1 ②	
2. compromis	[kɔ̃pʀɔmi]	1 ② 3	
3. votre passeport	[vɔt paspɔʀ]	① 2 ③	
4. notre code	[nɔt kɔd]	① ②	
5. le téléphone sonne	[lə telefɔn sɔn]	1 2 3 ④ ⑤	

B) Encerclez les chiffres correspondant aux syllabes qui contiennent le son [o].

Circle the numbers that correspond to the syllables containing the sound [o].

6. aujourd'hui	[oʒuʀdɥi]	① 2 3
7. un réseau	[œ̃ ʀezo]	1 2 ③
8. aussitôt	[osito]	① 2 ③
9. de beaux cadeaux	[də bo kado]	1 ② 3 ④
10. chapeau	[ʃapo]	1 ②

Score

1 point par son identifié   /15

3.3

Encerclez les sons [ɔ] et [o] quand ils sont présents dans les groupes de mots.

Circle [ɔ] and [o] whenever these sounds are present in the groups of words.

Exemple

You will hear: C'est trop tôt.
[sε tʀo to]

Answer: [ɔ]

1. trop gros
   [tʀo gʀo]

   [ɔ]

2. portemanteau
   [pɔʀtmɑ̃to]

3. dictaphone
   [diktafɔn]

   [ɔ] [o]

4. vol solo
   [vɔl sulo]

5. c'est trop chaud
   [sε tʀo ʃo]

   [ɔ]

6. Paul est occupé
   [pɔl e tɔkype]

   [ɔ] [o]

7. haut niveau
   [o nivo]

   [ɔ]

8. chocolat chaud
   [ʃɔkɔla ʃo]

   [ɔ] [o]

9. taux de chômage
   [tot ʃomaʒ]

   [ɔ] [o]

10. programme politique
    [pʀɔgʀam pɔlitik]

    [ɔ] [o]

Score

1 point par son identifié   /13

Partie 4

3.4

Encerclez les chiffres correspondant aux mots identiques de chaque série. Encerclez 0 si les trois mots sont différents.

Circle the numbers that correspond to the identical words in each series. Circle 0 if all three words are different.

Exemple

You will hear: pâle pôle pôle
[pɑl] [pol] [pol]

Answer: 1 ②③ 0

1.	paume [pom]	pomme [pɔm]	paume [pom]	① 2 ③ 0
2.	râle [Rɑl]	rôle [Rol]	rôle [Rol]	1 ②③ 0
3.	sol [sɔl]	saule [sol]	sol [sɔl]	① 2 ③ 0
4.	bosse [bɔs]	Beauce [bos]	basse [bɑs]	1 2 3 ⓪
5.	tard [tɑR]	tort [tɔR]	tort [tɔR]	1 ②③ 0
6.	saute [sot]	saute [sot]	sotte [sɔt]	①② 3 0
7.	côte [kot]	côte [kot]	côte [kot]	①②③ 0
8.	hôte [ot]	hâte [ɑt]	hotte [ɔt]	1 2 3 ⓪
9.	notre [nɔtR]	nôtre [notR]	notre [nɔtR]	① 2 ③ 0
10.	rosée [Roze]	rosée [Roze]	rosée [Roze]	①②③ 0

Score

2 points par item **/20**

3.5

Indiquez le nombre de syllabes contenues dans chaque mot ou groupe de mots.

Indicate the number of syllables in each word or group of words.

Exemple

You will hear: les automobiles   [le zɔtɔmɔbil]
Answer: 5

1.	le bureau de la dactylo [lə byʀo dla daktilo]	7
2.	le contrôle des opérations [lə kɔ̃tʀol de zɔpeʀasjɔ̃]	8
3.	informatique [ɛ̃fɔʀmatik]	4
4.	il faut ce qu'il faut [il fo skil fo]	4
5.	un corps à corps [œ̃ kɔʀ a kɔʀ]	4
6.	les politiques et les procédures [le politik e le pʀɔsedyʀ]	9
7.	un homme trop gros [œ̃ nɔm tʀo gʀo]	4
8.	un comité ad hoc [œ̃ kɔmite ad ɔk]	6
9.	une photocopie [yn fotokɔpi]	5
10.	un programme [œ̃ pʀɔgʀam]	3

Score   1 point par item   **/10**

3.6

Écrivez le symbole approprié pour indiquer si l'intonation de l'énoncé est montante ╱ ou descendante ╲ .

Write the appropriate symbol to indicate whether the statement has rising intonation ╱ or falling intonation ╲ .

Exemple

You will hear: Il est gros!
Answer: [il e gʀo]
╱

Or you will hear: Il est gros.
Answer: [il e gʀo]
╲

1.	C'est le rapport de Paul.	[sɛl ʀapɔʀ də pɔl] ╲
2.	C'est le rapport de Paul!	[sɛl ʀapɔʀ de pɔl] ╱
3.	C'est faux!	[se fo] ╱
4.	Au Conseil du Trésor.	[o kɔ̃sɛj dy tʀezɔʀ] ╲
5.	Dans votre bureau.	[dɑ̃ vɔt byʀo] ╲
6.	Il fait beau!	[il fɛ bo] ╱
7.	À cause de l'économie.	[a koz də lekɔnɔmi] ╲
8.	J'ai mal au dos.	[ʒe mal o do] ╲
9.	C'est trop haut!	[se tʀo 'o] ╱
10.	Un mot nouveau!	[œ̃ mo nuvo] ╱

Score

1 point par item

/10

Pour les experts...

3.7

Écrivez 1 ou 2 pour indiquer lequel des deux mots contient un [ɔ] ou un [o] allongé.

Write 1 or 2 to indicate whether the first or second word contains a long [ɔ] or [o].

Exemple

You will hear: bord - bordure
[boːʀ] - [bɔʀdyʀ]
Answer: 1

1.	chausse	- chaussette	1
	[ʃoːs]	- [ʃosɛt]	
2.	autrement	- autre	2
	[otʀəmɑ̃]	- [oːtʀ]	
3.	chaude	- chaudement	1
	[ʃoːd]	- [ʃodmɑ̃]	
4.	fort	- fortement	1
	[fɔːʀ]	- [fɔʀtəmɑ̃]	
5.	contrôle	- contrôleur	1
	[kɔ̃tʀoːl]	- [kɔ̃tʀolœʀ]	
6.	porte	- port	2
	[pɔʀt]	- [pɔːʀ]	
7.	loge	- logement	1
	[lɔːʒ]	- [lɔʒmɑ̃]	
8.	sobre	- sobriété	1
	[sɔːbʀ]	- [sɔbʀijete]	
9.	morte	- mort	2
	[mɔʀt]	- [mɔːʀ]	
10.	innover	- innove	2
	[inɔve]	- [inɔːv]	

Score   1 point par item   **/10**

Objectif

Reproduire les phénomènes phonétiques et prosodiques à l'étude dans divers contextes.

Matériel

- Cassette : Partie 4.

Démarche proposée

- Faire répéter les mots ou les groupes de mots en classe, puis au laboratoire s'il y a lieu.

- Pour corriger la prononciation, le rythme ou l'intonation, se référer à la section «Remarques».

4.1

Écoutez et reproduisez chaque mot ou groupe de mots en portant attention à la prononciation, au rythme et à l'intonation.

Listen to each word or group of words and repeat, paying particular attention to pronunciation, rhythm and intonation.

1. côte
   côte à côte
   Colle-les côte à côte.

2. dos
   maux de dos
   J'ai de gros maux de dos.

3. rôle
   le beau rôle
   Oh! le beau rôle!

4. C'est haut!
   C'est trop!
   C'est trop haut!

5. le nôtre
   le nôtre ou le vôtre
   C'est le nôtre ou le vôtre?

6. les mots
   les mots nouveaux
   Paul mémorise les mots nouveaux.

7. aussitôt dit
   aussitôt fait
   Aussitôt dit, ausssitôt fait.

8. un poste
   un nouveau poste
   On vous offre un nouveau poste.

9. le rapport
   le rapport de Paul
   Elle copie le rapport de Paul.

10. collaboration
    votre collaboration
    Offrez-leur votre collaboration.

Pour les experts...

11. On établit un nouveau réseau d'information.
12. Le poste offert est un poste de gestionnaire.
13. Les données informatiques sont en ordre.
14. Commentez la politique d'austérité.
15. Le coordonnateur de l'information a une optique politique.

4.2

Écoutez et reproduisez chaque mot ou groupe de mots en portant attention à la prononciation, au rythme et à l'intonation.

Listen to each word or group of words and repeat, paying particular attention to pronunciation, rhythm and intonation.

1. Bravo!
2. Quel cadeau!
3. Encore!
4. Comme c'est beau!
5. Qu'il parle fort!
6. Beau rapport!
7. C'est nouveau!
8. Mais c'est faux!
9. Comme il est fort!
10. C'est une mode folle!

Objectif	Produire les phénomènes phonétiques et prosodiques à l'étude dans des exercices de plus en plus complexes.
Matériel	- Cassette : Partie 4.
Démarche proposée	- Faire produire les phénomènes des exercices 5.1 à 5.4 en classe, puis au laboratoire s'il y a lieu.

5.1

Remplacez le dernier son vocalique par [ɔ].

Replace the last vowel sound with [ɔ].

Exemple

You will hear: pâle
You say: Paul
Then you will hear: Paul (bis)

1. basse — bosse
2. tare — tort
3. mule — molle
4. faire — fort
5. brasse — brosse
6. l'âge — loge
7. la mer — la mort
8. les salles — les sols
9. étouffe — étoffe
10. l'écart — les corps

5.2

Remplacez le dernier son vocalique par [o].

Replace the last vowel sound with [o].

Exemple

You will hear: le lit
You say: le lot
Then you will hear: le lot (bis)

1. à nous   — anneau
2. c'est bas   — c'est beau
3. les loups   — les lots
4. des mets   — des mots
5. les poules   — les pôles
6. la face   — la fosse
7. l'être   — l'autre
8. le crime   — le chrome
9. le radis   — le radeau
10. c'est fait   — c'est faux

5.3

Reproduisez les énoncés de manière exclamative.

Say the sentences as exclamations.

Exemple

You will hear: Il a tort.
You say: Il a tort!
Then you will hear: Il a tort! (bis)

1. Il parle fort.   — Il parle fort!
2. C'est nouveau.   — C'est nouveau!
3. Paul dort.   — Paul dort!
4. C'est trop chaud.   — C'est trop chaud!
5. Pas encore.   — Pas encore!
6. Un nouveau poste. — Un nouveau poste!
7. Un beau rapport.   — Un beau rapport!
8. Encore au bureau.   — Encore au bureau!
9. À l'aéroport.   — À l'aéroport!
10. C'est trop fort.   — C'est trop fort!

5.4

Ajoutez le mot **encore** devant les groupes de mots et reproduisez les énoncés de manière exclamative.

*Add the word **encore** before the groups of words and say the sentences as exclamations.*

Exemple

You will hear: des pommes
You say: Encore des pommes!
Then you will hear: Encore des pommes! (bis)

1.	du sport	—	Encore du sport!
2.	un cadeau	—	Encore un cadeau!
3.	du rhum	—	Encore du rhum!
4.	des gaufres	—	Encore des gaufres!
5.	une bosse	—	Encore une bosse!
6.	une sortie	—	Encore une sortie!
7.	des mots	—	Encore des mots!
8.	une robe	—	Encore une robe!
9.	une mode	—	Encore une mode!
10.	de l'eau chaude	—	Encore de l'eau chaude!

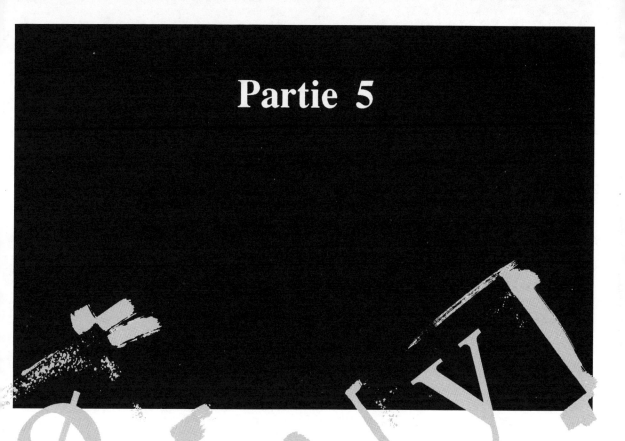

Partie 5

Les phonèmes [œ] et [ø]

La proposition incise

Sommaire

Description du contenu

Les phonèmes	canal émetteur	position des lèvres	point d'articulation
[œ]	voyelle orale	mi-ouverte, labialisée	antérieur
[ø]	voyelle orale	mi-fermée, labialisée	antérieur

Le son [ø] n'existe pas en anglais; il se situe entre le son [e] et le son [o].

La proposition incise «La proposition incise ou **intercalée** est une proposition généralement courte, tantôt insérée dans le corps de la phrase, tantôt rejetée à la fin de la phrase, pour indiquer qu'on rapporte les paroles de quelqu'un ou pour exprimer une sorte de parenthèse [...]»[1].

Quand elle est insérée, la proposition incise est prononcée sur un ton montant, mais à un niveau d'intonation plus bas que le reste de la phrase.

Elle peut, quand elle le veut, faire preuve de grandeur d'âme.

[ɛl pø / kɑ̃ tɛl lə vø / fɛʀ pʀœv / də gʀɑ̃dœʀ dɑm //]

Quand la proposition incise est placée à la fin de la phrase, le début de la phrase suit le schéma intonatif habituel comme si l'incise n'y était pas, puis l'incise est prononcée à un niveau plus bas sur un ton descendant.

Il est trois heures, je pense.

[il e tʀwɑ zœʀ / ʃpɑ̃s //]

---

1. Maurice Grevisse, *Le bon usage*, 11ᵉ éd. revue, Paris-Gembloux, Duculot, 1980, p. 165.

Difficultés et techniques de correction

[œ]   Comparer le [œ] au premier phonème du mot anglais
«*above*». Ce son ne présente généralement pas de
problème.

Placer le son [œ] dans un contexte d'occlusive :

peuple	[pœpl]
meuble	[mœbl]

Pour éviter la diphtongaison devant le [j], faire faire une
pause entre le [œ] et le [j], puis faire accélérer le rythme :

oeil	[œ j]
seuil	[sœ j]
feuille	[fœ j]

[ø]   Placer le son [ø] dans un contexte de fricative :

feu	[fø]
enjeu	[ɑ̃ʒø]
crasseux	[kʀasø]

Objectif	Identifier les phénomènes phonétiques et prosodiques à l'étude.
Matériel	- Cassette : Partie 5.
Démarche proposée	- Utiliser la transcription phonétique des textes de départ pour faciliter la discrimination auditive.*
	- Faire entendre les textes de départ.
	- Faire découvrir les phénomènes à l'étude ou les présenter.
	- Utiliser la transcription phonétique des textes de départ comme exercices de lecture à haute voix à la fin de l'étape «Production».*

---

* Photocopies nécessaires.

Les boeufs

Viens voir les boeufs marcher à la queue leu leu...

On dirait qu'ils souffrent de langueur...

Si tu veux que je te dise, ça me fait mal au coeur

De savoir, qu'à l'abattoir, s'en vont ces malheureux.

Le veuf

Il est veuf, il est seul.

Il porte un oeillet rouge.

Il fait de l'oeil à ma soeur.

Il est veuf, je le répète, il est veuf.

Il est, je parie, très seul.

Il a, je pense, très peu d'amis.

Tu ne vis pas, je suppose, de l'air du temps.

Les amoureux, paraît-il, vivent d'amour et d'eau fraîche.

le bø //

vjɛ̃ vwaʀ le bø / maʀʃe a la kø lø lø //

ɔ̃ diʀɛ / kil suʃʀə / də lɑ̃gœʀ //

si ty vø kəʃ tə diz / sam fe mal o kœʀ /

də savwaʀ / ka labatwaʀ / sɑ̃ vɔ̃ se malœʀø //

lə vœf //

il e vœf / il e sœl //

il pɔʀ tœ̃ nœje ʀuʒ //

il ʃɛd lœj / a ma sœʀ //

il e vœf / ʒəl ʀepɛt / il e vœf //

il e / ʃpaʀi / tʀɛ sœl //

il ɑ / ʃpɑ̃s / tʀɛ pø dami //

tyn vi pɑ / ʃsypoz / də lɛʀ dy tɑ̃ //

le zamuʀø / paʀɛ til / viv damuʀ / e do fʀɛʃ //

Objectif	Reconnaître certains phénomènes phonétiques et prosodiques à l'étude dans des contextes favorables.
Matériel	- Cassette : Partie 5.
Démarche proposée	- Faire entendre les séries de mots et d'énoncés.
	- Faire reconnaître les phénomènes.

---

1. [œ]

oeil	apeurement	déjeune
oeillet	beurrier	millefeuille
oeillade	meurtrier	professeur

2. [ø]

eux	deuxième	feu
Eusèbe	creuser	pneu
eucalyptus	émeute	malheureux

3. La proposition incise

Je dois, tu comprends, m'en remettre à leur décision.

Ça, je l'ai dit et je le répète, ça ne sert à rien.

Tu sais, encore là il faut que je vérifie, ça devrait être approuvé.

4. [œ], [ø] et la proposition incise

Tu peux toujours faire un voeu, je suppose.

Le meuble est arrivé, tu te rappelles, deux jours trop tard.

Les Ladouceur, tout le monde le sait, n'arrivent jamais seuls.

Objectif	Distinguer les phénomènes phonétiques et prosodiques à l'étude dans divers contextes.
Matériel	- Cassette : Partie 5. - Feuilles-réponses.
Démarche proposée	- Faire discriminer les phénomènes des exercices 3.1 à 3.7 en classe ou au laboratoire.
	- Évaluer la performance.
	- Passer à l'étape «Répétition» si le score total obtenu est d'au moins 80 %, soit 43 sur 54.
	- Refaire discriminer les phénomènes en cas d'échec : · en reprenant l'étape «Perception»; · en refaisant les exercices de l'étape «Discrimination», avec ou sans la transcription phonétique.

3.1

Écrivez I ou D selon que les mots sont identiques ou différents.

Write I or D to indicate whether the words in pairs are identical or different.

Exemple

You will hear: malheur - malheur   [malœʀ] - [malœʀ]
Answer: I *for identical*

1.	fleur	-	flore	[flœʀ]	- [flɔʀ]	D
2.	mort	-	meure	[mɔʀ]	- [mœʀ]	D
3.	peur	-	père	[pœʀ]	- [pɛʀ]	D
4.	jeune	-	jaune	[ʒœn]	- [ʒon]	D
5.	heure	-	heure	[œʀ]	- [œʀ]	I
6.	corps	-	coeur	[kɔʀ]	- [kœʀ]	D
7.	soeur	-	sort	[sœʀ]	- [sɔʀ]	D
8.	oeillade	-	oeillade	[œjad]	- [œjad]	I
9.	beurrée	-	bourrée	[bœʀe]	- [buʀe]	D
10.	preneur	-	preneur	[pʀənœʀ]	- [pʀənœʀ]	I

Score   1 point par item   **/10**

3.2

Écrivez 1, 2 ou 3 pour indiquer quel mot de chaque série contient le son [ø] .

Write 1, 2 or 3 to indicate which word in each series contains the sound [ø] .

Exemple

You will hear: veut   val   vêle
               [vø] [val] [vɛl]

Answer: **1**

1.	que [kə]	coeur [kœʀ]	queue [kø]	3
2.	jeu [ʒø]	je [ʒə]	jus [ʒy]	1
3.	meugle [møgl]	mule [myl]	mâle [mɑl]	1
4.	affres [afʀ]	affreux [afʀø]	offre [ɔfʀ]	2
5.	jeune [ʒœn]	jeûne [ʒøn]	jaune [ʒon]	2
6.	fibreux [fibʀø]	fibre [fibʀ]	vibre [vibʀ]	1
7.	des [de]	deux [dø]	de [də]	2
8.	blé [ble]	blond [blɔ̃]	bleu [blø]	3
9.	râpeux [ʀɑpø]	râpe [ʀɑp]	râle [ʀɑl]	1
10.	et même [e mɛm]	ou même [u mɛm]	eux-mêmes [ø mɛm]	3

Score   1 point par item   **/10**

3.3

Indiquez combien de fois vous entendez le son [œ] dans les énoncés.

Indicate the number of times you hear the sound [œ] in the sentences.

Exemple

You will hear: C'est ma soeur.
[se ma sœʀ]

Answer: **1**

1. Je dois ramasser les feuilles.
   [ʒdwa ʀamase le fœj]   **1**

2. Achète du pain, du beurre et des oeufs.
   [aʃɛt dy pɛ̃ / dy bœʀ / e de zø]   **1**

3. Il est trois heures.
   [il e tʀwɑ zœʀ]   **1**

4. Le règlement est en vigueur.
   [lə ʀɛɡləmɑ̃ e tɑ̃ viɡœʀ]   **1**

5. Elle est veuve et très seule.
   [ɛl e vœv / e tʀɛ sœl]   **2**

Score   1 point par son identifié   **/6**

3.4

Indiquez combien de fois vous entendez le son [ø] dans les énoncés.

Indicate the number of times you hear the sound [ø] in the sentences.

Exemple

You will hear: C'est un jeu.
[se tœ̃ ʒø]

Answer: **1**

1.	Tu vas de mieux en mieux. [ty vɑd mjø zɑ̃ mjø]	2
2.	Quand on veut, on peut. [kɑ̃ tɔ̃ vø / ɔ̃ pø]	2
3.	Peu de gens ont les yeux bleus. [pød ʒɑ̃ / ɔ̃ le zjø blø]	3
4.	Je ne veux pas qu'il pleuve. [ʒən vø pɑ kil plœv]	1
5.	Les boeufs marchent à la queue leu leu. [le bø / maʀʃ a la kø lø lø]	4

Score   1 point par son identifié   **/12**

3.5

Écoutez chaque énoncé et complétez la transcription phonétique en ajoutant [œ] ou [ø].

Listen to each sentence and fill in the blanks with the appropriate phonetic symbol, either [œ] *or* [ø].

Exemple

While you read: [apRɛ n _ vœR]

You will hear: Après neuf heures.
Answer: [apRɛ nœ vœR]

1. Il est de bonne humeur.

[il ɛd bɔ nymœR]

2. Il est amoureux.

[il e tamuRø]

3. Quelle heure est-il ?

[kɛl œR / e til]

4. Tu aimes les fleurs.

[ty ɛm le flœR]

5. Je veux du feu.

[ʒvø dy fø]

Score   1 point par symbole   **/6**

3.6

Écrivez **oui** ou **non** pour indiquer si la phrase contient une proposition incise.

*Write **oui** or **non** to indicate whether the sentence contains an incidental clause.*

Exemple

You will hear: Tu sais, à bien y penser, j'ai peut-être tort.
[ty se / a bjɛ̃ ni pɑ̃se / ʒe pøtɛtʁə tɔʁ]

Answer: oui

1. Il va, j'en suis convaincu, être nommé sous peu.   oui
   [il va / ʒɑ̃ sɥi kɔ̃vɛ̃ky / etʁə nɔme su pø]

2. Elle a, je suppose, très peu d'amis.   oui
   [el ɑ / ʃsypoz / tʁe pø dami]

3. Tes amies sont avec toi.   non
   [te zami / sɔ̃ tavɛk twa]

4. Il est très seul.   non
   [il e tʁɛ sœl]

5. Elle est très seule, paraît-il.   oui
   [el e tʁɛ sœl / paʁɛ til]

Score   1 point par item   /5

3.7

Écrivez A ou B pour indiquer quelle phrase contient une proposition incise.

Write A or B to indicate which sentence contains an incidental clause.

Exemple

You will hear: A - Fais attention! [fɛ atɑ̃sjɔ̃]

B - Fais attention, dit-il. [fɛ atɑ̃sjɔ̃ / di til]

Answer: B

1. A - Il va arriver deux heures trop tard.
   [il va aʀive / dø zœʀ tʀo tɑʀ]

   B - Il va arriver, je gage, deux heures trop tard.
   [il va aʀive / ʒgaʒ / dø zœʀ tʀo tɑʀ]

   B

2. A - Pierre, crois-le ou non, a encore une peine de coeur.
   [pjɛʀ / kʀwa lə u nɔ̃ / a ɑ̃kɔʀ yn pɛn də kœʀ]

   B - Pierre a encore une peine de coeur.
   [pjɛʀ / a ɑ̃kɔʀ yn pɛn də kœʀ]

   A

3. A - Où, je me demande, vas-tu chercher tout ça?
   [u / ʒmə dmɑ̃d / va ty ʃɛʀʃe tu sa]

   B - Où vas-tu chercher tout ça?
   [u va ty ʃɛʀʃe tu sa]

   A

4. A - Vous devez, je le répète, cueillir tous les fruits.   A
       [vu dve / ʒəl ʀepɛt / kœjiʀ tu le ʃʀɥi]

    B - Vous devez cueillir tous les fruits.
       [vu dve kœjiʀ / tu le ʃʀɥi]

5. A - Marie, tu te souviens d'elle, est devenue le   A
       souffre-douleur du professeur.
       [maʀi / tyt suvjɛ̃ dɛl / e dəvny lə suʃʀədulœʀ /

       dy pʀɔfɛsœʀ]

    B - Marie est devenue le souffre-douleur du
       professeur.
       [maʀi / e dəvny / lə suʃʀədulœʀ / dy pʀɔfɛsœʀ]

Score   1 point par item   /5

Objectif

Reproduire les phénomènes phonétiques et prosodiques à l'étude dans divers contextes.

Matériel

- Cassette : Partie 5.

Démarche proposée

- Faire répéter les mots ou les groupes de mots en classe, puis au laboratoire s'il y a lieu.

- Pour corriger la prononciation, le rythme ou l'intonation, se référer à la section «Remarques».

Écoutez et reproduisez chaque mot ou groupe de mots en portant attention à la prononciation, au rythme et à l'intonation.

Listen to each word or group of words and repeat, paying particular attention to pronunciation, rhythm and intonation.

1. Coeur / Elle a peu de coeur.
   Elle a peu de coeur, c'est vrai.

2. Feu / Tu veux du feu.
   Tu veux du feu, je suppose.

3. Peux / Je fais ce que je peux.
   Je fais ce que je peux, tu sais.

4. Jeu / Le jeu n'en vaut pas la chandelle.
   Le jeu, je le répète, n'en vaut pas la chandelle.

5. Heureux / Heureux au jeu, malheureux en amour.
   Heureux au jeu, malheureux en amour, tu le sais.

6. Peur / J'ai eu une peur bleue.
   J'ai eu, bien sûr, une peur bleue.

7. Ailleurs / Tu as la tête ailleurs.
   Tu as la tête ailleurs, comme toujours.

Objectif	Produire les phénomènes phonétiques et prosodiques à l'étude dans des exercices de plus en plus complexes.
Matériel	- Cassette : Partie 5. - Feuilles-réponses, 5.6.
Démarche proposée	- Faire produire les phénomènes des exercices 5.1 à 5.7* en classe, puis au laboratoire s'il y a lieu. - Utiliser la transcription phonétique des textes de l'étape «Découverte» comme exercices de lecture à haute voix.*

5.1

A) Répétez le stimulus, puis remplacez le son [i] par [œ].

First repeat the cue, then replace the sound [i] *with* [œ].

Exemple

You will hear: if
You say: if - oeuf
Then you will hear: if - oeuf (bis)

1. biffe   biffe   -   boeuf
2. cire   cire   -   soeur
3. lire   lire   -   leurre
4. mire   mire   -   meure
5. sentir   sentir   -   senteur

B) Répétez le stimulus, puis remplacez le son [a] par [ø].

First repeat the cue, then replace the sound [a] *with* [ø].

Exemple

You will hear: ma
You say: ma - meut
Then you will hear: ma - meut (bis)

6. fa   fa   -   feu
7. à même   à même   -   eux-mêmes
8. val   val   -   veule
9. Jeanne   Jeanne   -   jeûne
10. arythmie   arythmie -   eurythmie

---

* L'exercice 5.7 s'adresse aux experts.   Photocopies nécessaires.

5.2

Répétez le stimulus, puis remplacez le son [ø] par [œj].

First repeat the cue, then replace the sound [ø] *with* [œj] .

Exemple

You will hear: eux
You say: eux - oeil
Then you will hear: eux - oeil (bis)

1.	feu	feu	- feuille
2.	queue	queue	- cueille
3.	veut	veut	- veuille
4.	ceux	ceux	- seuil
5.	deux	deux	- deuil
6.	aqueux	aqueux	- accueil
7.	laqueux	laqueux	- l'accueil
8.	mille feux	mille feux	- millefeuille

5.3

A) Remplacez [œR] par [øz] en mettant chaque phrase au féminin.

Replace [œR] *with* [øz] *and say each sentence in the feminine form.*

Exemple

You will hear: Il est laveur.
You say: Elle est laveuse.
Then you will hear: Elle est laveuse. (bis)

1.	Il est glaneur.	— Elle est glaneuse.
2.	Il est rêvasseur.	— Elle est rêvasseuse.
3.	Il est ramasseur.	— Elle est ramasseuse.
4.	Il est voleur.	— Elle est voleuse.
5.	Il est chanteur.	— Elle est chanteuse.

B) Remplacez [øz] par [œʀ] en mettant chaque phrase au masculin.

Replace [øz] with [œʀ] and say each sentence in the masculine form.

Exemple

You will hear: C'est une batteuse.
You say: C'est un batteur.
Then you will hear: C'est un batteur. (bis)

6. C'est une traceuse.   — C'est un traceur.
7. C'est une emprunteuse. — C'est un emprunteur.
8. C'est une menteuse.   — C'est un menteur.
9. C'est une marqueuse.   — C'est un marqueur.
10. C'est une veilleuse.   — C'est un veilleur.

5.4

Transformez chaque phrase selon le modèle.

Change each sentence following the example.

Exemple

You will hear: Il y a de la mousse.
You say: C'est mousseux.
Then you will hear: C'est mousseux. (bis)

1. Il y a de la roche.   — C'est rocheux.
2. Il y a des pores.   — C'est poreux.
3. Il y a du gaz.   — C'est gazeux.
4. Il y a des nuages.   — C'est nuageux.
5. Il y a de la boue.   — C'est boueux.
6. Il y a du miel.   — C'est mielleux.
7. Il y a de la vase.   — C'est vaseux.
8. Il y a du fer.   — C'est ferreux.
9. Il y a de la neige.   — C'est neigeux.
10. Il y a du vent.   — C'est venteux.

5.5

A) Ajoutez «tu sais» à chacune des phrases.

Add «tu sais» to each sentence.

Exemple

You will hear: Pierre arrive à neuf heures.
You say: Pierre, tu sais, arrive à neuf heures.
Then you will hear: Pierre, tu sais, arrive à neuf heures. (bis)

1. Les deux sont des voleurs.
   Les deux, tu sais, sont des voleurs.

2. Cette plante fleurit en hiver.
   Cette plante, tu sais, fleurit en hiver.

3. Lucille en veut à tout le monde.
   Lucille, tu sais, en veut à tout le monde.

4. Eusèbe est vieux jeu.
   Eusèbe, tu sais, est vieux jeu.

5. Leur projet ne fera pas long feu.
   Leur projet, tu sais, ne fera pas long feu.

B) Ajoutez «je suppose» à chacune des phrases.

Add «je suppose» to each sentence.

Exemple

You will hear: Tu te prends pour un bon orateur.
You say: Tu te prends pour un bon orateur, je suppose.
Then you will hear: Tu te prends pour un bon orateur,
                   je suppose. (bis)

1. C'est mieux d'acheter un épagneul.
   C'est mieux d'acheter un épagneul, je suppose.

2. Tu as coupé toutes les fleurs.
   Tu as coupé toutes les fleurs, je suppose.

3. Eulalie a eu une peur bleue.
   Eulalie a eu une peur bleue, je suppose.

4. C'est un cordon bleu.
   C'est un cordon bleu, je suppose.

5. Tu trouves ça trop vieux.
   Tu trouves ça trop vieux, je suppose.

5.6

Vous allez entendre la même phrase deux fois. La première fois, écoutez-la; la deuxième fois, répétez-la en superposant votre voix à celle de l'enregistrement. Vous pouvez vous servir de la transcription phonétique pour vous aider. Il n'y a pas d'exemple.

You will hear the same sentence twice. The first time, just listen; the second time, repeat the sentence along with the voice on the tape. You may use the phonetic transcription to help you. There is no example.

1. Le deuxième, d'après moi, est le meilleur.
   [lə døzjɛm / dapʀɛ mwa / el mɛjœʀ]

2. Il arrive, je pense, à neuf heures.
   [il aʀiv / ʃpɑ̃s / a nœ vœʀ]

3. Les Lafleur, je crois, sont en avance.
   [le laflœʀ / ʃkʀwa / sɔ̃ tɑ̃ navɑ̃s]

4. Ces discours sont vaseux, en général.
   [se diskuʀ / sɔ̃ vazø / ɑ̃ ʒeneʀal]

5. Sa soeur, d'après Jacques, est déjà partie pour Saint-Eustache.
   [sa sœʀ / dapʀɛ ʒɑk / e deʒa paʀti / puʀ sɛ̃ tøstaʃ]

6. Le beurre serait meilleur, je suppose.
   [lə bœʀ / sʀɛ mɛjœʀ / ʃsypoz]

7. Il pleuvra, selon elle, toute la semaine.
   [il plœvʀɑ / səlɔ̃ ɛl / tut la smɛn]

8. Ferme la fenêtre, s'il te plaît, il pleut.
   [fɛʀm la fnɛtʀ / sil tə plɛ / il plø]

9. Va ramasser les feuilles, s'il te plaît.
   [vɑ ʀamase le fœj / sil tə plɛ]

10. Tu ne veux pas y aller, je suppose.
    [tyn vø pɑ jale / ʃypoz]

Pour les experts...

5.7*

Vous allez entendre la même phrase deux fois. La première fois, écoutez-la; la deuxième fois, répétez-la en superposant votre voix à celle de l'enregistrement. Vous pouvez vous servir de la transcription phonétique des textes pour vous aider.

You will hear the same sentence twice. The first time, just listen; the second time, repeat the sentence along with the voice on the tape. You may use the texts written in phonetics to help you.

---

* La transcription phonétique des textes enregistrés se trouve à l'étape «Découverte». Photocopies nécessaires.

Feuilles-réponses

3.1

Write I or D to indicate whether the words in pairs are identical or different.

Example

You will hear: *mener - menait*   [məne] - [mənɛ]
Answer: D   for different

1.		
2.		
3.		
4.		
5.		
6.		
7.		
8.		

Score   /8   (1 mark per item)

3.2

Listen to each word and fill in the blank with the appropriate phonetic symbol, [i] or [ɛ].

Example

While you read: [v _]
You will hear: *vie* [vi]
Answer: [vi̱]

1.	[f _ ʀ]	
2.	[f _ l]	
3.	[p _ l]	
4.	[v _ tʀ]	
5.	[ʃʀ _ l]	
6.	[d _ sk]	

Score   /6   (1 mark per item)

3.3

Listen to each word and fill in the blank with the appropriate phonetic symbol, [e] or [ə].

Example

While you read: [l _]

You will hear: *le* [lə]

Answer: [lə̠]

1.	[ʒ _]	
2.	[s _]	
3.	[t _]	
4.	[pʀ _]	
5.	[ʒ _]	
6.	[kl _]	
	/6	

Score

(1 mark per item)

3.4

Write 1, 2 or 3 to indicate which sentence has a different intonation.

Example

You will hear: *C'est fini?*   *C'est fini.*   *C'est fini.*

[se fini]   [se fini]   [se fini].

Answer: **1**

1.		
2.		
3.		
4.		
	/4	

Score

(1 mark per item)

Partie 1

3.5

Example

Write **1**, **2** or **3** to indicate which group of words is different.

You will hear: *donne-les*   *donne-le*   *donne-le*
[dɔn le]   [dɔn lə]   [dɔn lə]

Answer: **1**

1.		
2.		
3.		
4.		

Score

/4

(1 mark per item)

3.6

Example

Write **1**, **2** or **3** to indicate which word or group of words contains the sound that you are listening for.

The sound you are listening for is [i].

You will hear: *dire*   *caisse*   *prêt*
[diʀ]   [kɛs]   [pʀɛ]

Answer: **1**

1.		
2.		
3.		
4.		
5.		
6.		
7.		
8.		

Score

/8

(1 mark per item)

3.7

Listen to each sentence and fill in the blank with the appropriate phonetic symbol.

Example

While you read: [se d _ niz]
You will hear: *C'est Denise.* [se dəniz]
Answer: [sə dəniz]

1.	[se s _ pti]	
2.	[ekʀi l _ vit]	
3.	[ʒəl fɛ vn _ ʀ]	
4.	[ʒən s _ pɑ]	
5.	[ki _ s]	
6.	[l _ te e ʃini]	
7.	[k _ fɛ til]	
8.	[il vnɛt paʀt _ ʀ]	

Score

/8

(1 mark per item)

Feuilles-réponses

For the experts...*

5.15 For each number, pronounce the word or group of words written in phonetics. The correct pronunciation will follow. There is no example.

1. [pəti]

2. [ʀepete]

3. [setɛ liveʀ]

4. [il mimitɛ]

5. [il fəzɛ sɛk]

5.16 Write the groups of words with the appropriate phonetic symbols.

1. _____
2. _____
3. _____
4. _____
5. _____

* Exercises 5.15, 5.16 and 5.17 are for the experts.

Partie 1

3.1

Example

Write **1** or **2** to indicate the number of rhythmic groups in each sentence.

You will hear: *Jacques s'en va à la chasse.*
[ʒak / sɑ̃ va a la ʃas]

Answer: 2

1.		
2.		
3.		
4.		
5.		

Score /5 (1 mark per item)

3.2

Example

Indicate the number of stressed syllables with falling intonation.

You will hear: *C'est la patte de la chatte.*
[se la pat dla ʃat]

Answer: 1

1.		
2.		
3.		
4.		
5.		

Score /5 (1 mark per item)

3.3

Write **I** or **D** to indicate whether the words are identical or different.

Example

You will hear: *ma - mât* [ma] - [mɑ]
Answer: D for different

1.		
2.		
3.		
4.		
5.		
6.		
7.		
8.		
9.		
10.		

Score   /10   (1 mark per item)

3.4

Write I or D to indicate if, within each word or group of words, the vowel sounds [a] or [ɑ] are identical or different.

Example

You will hear: *cravate*   [kʀavat]
Answer: I for identical

1.		
2.		
3.		
4.		
5.		
6.		
7.		
8.		
9.		
10.		

Score   /10   (1 mark per item)

3.5

Indicate the number of syllables in each word or group of words.

Example

You will hear: *voilà*   [vwala]
Answer: 2

1.		
2.		
3.		
4.		
5.		
6.		
7.		
8.		
9.		
10.		

Score

/20   (2 marks per item)

3.6

A) Circle the numbers that correspond to the syllables containing the sound [a].

Example

You will hear: *facteur*   [faktœʀ]
Answer: ① 2

1.	1 2	
2.	1 2 3	
3.	1 2 3	
4.	1 2 3	
5.	1 2 3 4	

B) Circle the numbers that correspond to the syllables containing the sound [ɑ].

1.	1 2	
2.	1 2	
3.	1 2 3	
4.	1 2 3 4	
5.	1 2 3 4	

Score

/13

(1 mark per identified sound)

For the experts...

3.7

Write 1 if the vowel is long and 0 if it is short.

Example

You will hear: *pâle*   [pɑ:l]
Answer: 1

1.		
2.		
3.		
4.		
5.		
6.		
7.		
8.		
9.		
10.		
11.		
12.		

3.1

Write I or D to indicate whether the words or groups of words are identical or different.

Example

You will hear: *sur* - *sur*
                 [syʀ] - [syʀ]

Answer: I for identical

1.		
2.		
3.		
4.		
5.		
6.		
7.		
8.		
9.		
10.		

Score   /10   (1 mark per item)

3.2

Listen to the words and fill in the blanks with the appropriate phonetic symbol, either [y] or [u].

Example

While you read: [ʒ _ ʒ _ b]
You will hear: *jujube* [ʒyʒyb]
Answer: [ʒyʒyb]

1.	[s _ ʀt _]	
2.	[t _ ʒ _ ʀ]	
3.	[f _ ʀ _ ʀ]	
4.	[k _ p _ ʀ]	
5.	[k _ t _ m]	
6.	[v _ l _]	
7.	[s _ ʀpl _]	
8.	[bʀ _ l _ ʀ]	
9.	[k _ d _ ʀ]	
10.	[stʀ _ kt _ ʀ]	

Score

/20

(2 marks per item)

3.3

Circle the numbers that correspond to the identical words in each series. Circle 0 if all three words are different.

Example

You will hear: lu   lit   lu
                [ly]   [li]   [ly]

Answer: ① 2 ③ 0

1.	1 2 3 0
2.	1 2 3 0
3.	1 2 3 0
4.	1 2 3 0
5.	1 2 3 0
6.	1 2 3 0
7.	1 2 3 0
8.	1 2 3 0
9.	1 2 3 0
10.	1 2 3 0

Score   /10   (1 mark per item)

3.4

Listen to each sentence and fill in the blank with the appropriate phonetic symbol, either [y] or [u].

Example

While you read: [ʒle s _]
You will hear: *Je l'ai su.* [ʒle sy]
Answer: [ʒle sy̲]

1.	[su puʀ s _]	
2.	[ʃe tœ̃ nab _]	
3.	[ʒe vɑ̃dy ma vwat _ ʀ]	
4.	[yn d _ ʀ lyt]	
5.	[ʒu kɔ̃tʀə ʒ _]	
6.	[ʒə ʒ _ lə tu puʀ lə tu]	
7.	[ni v _ ni kɔny]	
8.	[il pɛʀ la b _ l]	
9.	[ʒe pɛʀdy ma pl _ m]	
10.	[ʒe mal o k _]	
	/10	

Score   /10   (1 mark per item)

Partie 3

3.5

Write the appropriate symbol to indicate whether the statement has rising intonation ╱ or falling intonation ╲ .

Example

Your will hear: *Tu l'as perdu?*
Answer: [ty la pɛʀdy]

1.	[vu ʃyme]	
2.	[il sɔ̃ paʀtu]	
3.	[ty la ʀəly]	
4.	[ty la pɛʀdy]	
5.	[ʒe tu sy]	
6.	[se tu vy]	
7.	[se dy o ku]	
8.	[se dy o ku]	
9.	[vu zɛt ʃe vu]	
10.	[pa dy tu]	

Score | /10 | (1 mark per item)

5.3

Listen to each sentence, then read aloud the phonetic transcription, paying particular attention to the intonation pattern.

Example

You will hear: *Tu cours?*
You read and you say: [ty kuʀ]

Then you will hear: *Tu cours?* (bis)

  1. [vu fyme]

  2. [ty la vy]

  3. [ty la pɛʀdy]

  4. [ty tiʀ]

  5. [ty la sy]

  6. [ty ɑ vy syzi]

  7. [ty i vwa œ̃ by]

  8. [ty ɑ vy la skyltyʀ]

  9. [ty ɑ pɛʀdy ta plym]

10. [ty ɑ vy le ku]

3.1

Write I or D to indicate whether the words in pairs are identical or different.

Example

You will hear: *Paul - pôle*
                    [pɔl] - [pol]
Answer: D   for different

1.		
2.		
3.		
4.		
5.		
6.		
7.		
8.		
9.		
10.		

Score   /10   (1 mark per item)

3.2

A) Circle the numbers that correspond to the syllables containing the sound [ɔ].

Example

You will hear: *pilote*   [pilɔt]
Answer: 1 ②

1.	1 2	
2.	1 2 3	
3.	1 2 3	
4.	1 2	
5.	1 2 3 4 5	

B) Circle the numbers that correspond to the syllables containing the sound [ʊ].

6.	1 2 3	
7.	1 2 3	
8.	1 2 3	
9.	1 2 3 4	
10.	1 2	

Score

	/15	

(1 mark per identified sound)

3.3

Circle [ɔ] and [o] whenever these sounds are present in the groups of words.

Example

You will hear: *C'est trop tôt.*
                    [sɛ tʀo to]

Answer: [ɔ]   ([o])

1.	[ɔ] [o]	
2.	[ɔ] [o]	
3.	[ɔ] [o]	
4.	[ɔ] [o]	
5.	[ɔ] [o]	
6.	[ɔ] [o]	
7.	[ɔ] [o]	
8.	[ɔ] [o]	
9.	[ɔ] [o]	
10.	[ɔ] [o]	
Score	/13	(1 mark per identified sound)

3.4

Circle the numbers that correspond to the identical words in each series. Circle 0 if all three words are different.

Example

You will hear: *pâle*   *pôle*   *pôle*
               [pɑl]   [pol]   [pol]

Answer: 1 ② ③ 0

1.	1 2 3 0
2.	1 2 3 0
3.	1 2 3 0
4.	1 2 3 0
5.	1 2 3 0
6.	1 2 3 0
7.	1 2 3 0
8.	1 2 3 0
9.	1 2 3 0
10.	1 2 3 0

Score

/20   (2 marks per item)

3.5

Indicate the number of syllabes in each word or group of words.

Example

You will hear: *les automobiles*   [le zɔtɔmɔbil]
Answer: 5

1.		
2.		
3.		
4.		
5.		
6.		
7.		
8.		
9.		
10.		

Score   /10   (1 mark per item)

3.6

Write the appropriate symbol to indicate whether the statement has rising intonation ╱ or falling intonation ╲ .

Example

You will hear: *Il est gros!*
Answer: [il e ɡʀo]

Or you will hear: *Il est gros.*
Answer: [il e ɡʀo]

1.	[sel ʀapɔʀ də pɔl]	
2.	[sel ʀapɔʀ de pɔl]	
3.	[se fo]	
4.	[o kõsej dy tʀezɔʀ]	
5.	[dɑ̃ vɔt byʀo]	
6.	[il fɛ bo]	
7.	[a koz də lekɔnɔmi]	
8.	[ʒe mal o do]	
9.	[se tʀo 'o]	
10.	[œ̃ mo nuvo]	
	/10	

Score   (1 mark per item)

For the experts...

3.7

Write **1** or **2** to indicate whether the first or second word contains a long [ɔ] or [o].

Example

You will hear: *bord - bordure*
[bɔːʀ] - [bɔʀdyʀ]

Answer: **1**

1.		
2.		
3.		
4.		
5.		
6.		
7.		
8.		
9.		
10.		

Score

/10

(1 mark per item)

3.1

Write I or D to indicate whether the words in pairs are identical or different.

Example

You will hear: *malheur - malheur*   [malœʀ] - [malœʀ]
Answer: I for identical

1.		
2.		
3.		
4.		
5.		
6.		
7.		
8.		
9.		
10.		

Score   /10   (1 mark per item)

3.2

Write **1, 2** or **3** to indicate which word in each series contains the sound [ø].

Example

You will hear: *veut*   *val*   *vêle*
             [vø]   [val]   [vɛl]

Answer: **1**

1.		
2.		
3.		
4.		
5.		
6.		
7.		
8.		
9.		
10.		

Score   /10   (1 mark per item)

3.3

Indicate the number of times you hear the sound [œ] in the sentences.

Example

You will hear: *C'est ma soeur.*
[se ma sœʀ]

Answer: **1**

1.		
2.		
3.		
4.		
5.		

Score

/6

(1 mark per identified sound)

3.4

Indicate the number of times you hear the sound [ø] in the sentences.

Example

You will hear: *C'est un jeu.*
[se tœ̃ ʒø]

Answer: **1**

1.		
2.		
3.		
4.		
5.		

Score

/12

(1 mark per identified sound)

Partie 5

3.5

Listen to each sentence and fill in the blanks with the appropriate phonetic symbol, either [œ] or [ø].

Example

While you read: [apʀɛ n _ vœʀ]

You will hear: *Après neuf heures.*
Answer: [apʀɛ nœ vœʀ]

1.	[il ɛd bɔ nym _ ʀ]	
2.	[il e tamuʀ _]	
3.	[kɛl _ ʀ / e til]	
4.	[ty ɛm le fl _ ʀ]	
5.	[ʒv _ dy f _]	
	/6	

Score   (1 mark per symbol)

Partie 5

3.6

Write **oui** or **non** to indicate whether the sentence contains an incidental clause.

Example

You will hear: *Tu sais, à bien y penser, j'ai peut-être tort.*
[ty se / a bjɛ̃ ni pɑ̃se / ʒe pøtɛtʀə tɔʀ]

Answer: **oui**

1.		
2.		
3.		
4.		
5.		

Score

| /5 |

(1 mark per item)

3.7

Write **A** or **B** to indicate which sentence contains an incidental clause.

Example

You will hear: A - *Fais attention!* [fɛ atɑ̃sjɔ̃]

B - *Fais attention, dit-il.* [fɛ atɑ̃sjɔ̃ / di til]

Answer: **B**

1.		
2.		
3.		
4.		
5.		

Score

| /5 |

(1 mark per item)

5.6

You will hear the same sentence twice. The first time, just listen; the second time, repeat the sentence along with the voice on the tape. You may use the phonetic transcription to help you. There is no example.

1. [lə døzjɛm / dapʀɛ mwa / el mɛjœʀ]

2. [il aʀiv / ʃpɑ̃s / a nœ vœʀ]

3. [le laflœʀ / ʃkʀwa / sɔ̃ tɑ̃ navɑ̃s]

4. [se diskuʀ / sɔ̃ vɑzø / ɑ̃ ʒeneʀal]

5. [sa sœʀ / dapʀɛ ʒɑk / e deʒɑ paʀti / puʀ sɛ̃ tøstaʃ]

6. [lə bœʀ / sʀɛ mɛjœʀ / ʃsypoz]

7. [il plœvʀɑ / səlɔ̃ ɛl / tut la smɛn]

8. [fɛʀm la fnɛtʀ / sil tə plɛ / il plø]

9. [vɑ ʀamase le fœj / sil tə plɛ]

10. [tyn vø pɑ jale / ʃsypoz]

Transcription et corrigé

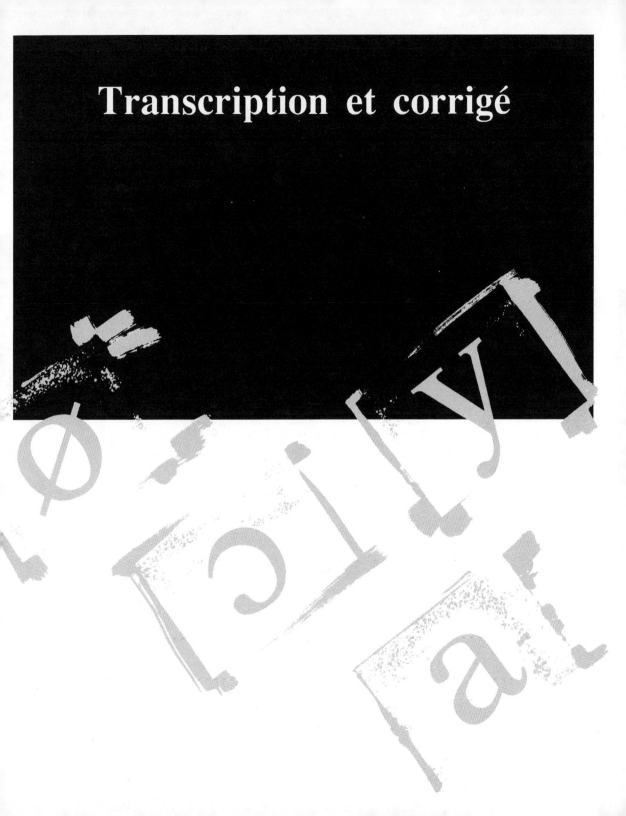

3.1

1.	miné	-	mené	[mine]	-	[məne]			D
2.	thé	-	taie	[te]	-	[tɛ]			D
3.	été	-	été	[ete]	-	[ete]			I
4.	fais	-	fée	[fɛ]	-	[fe]			D
5.	mena	-	mena	[mənɑ]	-	[mənɑ]			I
6.	lit	-	le	[li]	-	[lə]			D
7.	sème	-	s'aime	[sɛm]	-	[sɛm]			I
8.	sait	-	se	[se]	-	[sə]			D

Score   1 point par item   /8

3.2

1.	faire	[fɛʀ]
2.	fil	[fil]
3.	pelle	[pɛl]
4.	vitre	[vitʀ]
5.	frêle	[fʀɛl]
6.	disque	[disk]

Score   1 point par item   /6

3.3

1.	j'ai	[ʒe]
2.	se	[sə]
3.	te	[tə]
4.	pré	[pʀe]
5.	je	[ʒə]
6.	clé	[kle]

Score   1 point par item   /6

3.4

1.	Tu le fais. [tyl fɛ]⌣	Tu le fais. [tyl fɛ]⌣	Tu le fais? [tyl fɛ]⌣	3
2.	C'est l'été. [se lete]⌣	C'est l'été? [se lete]⌣	C'est l'été. [se lete]⌣	2
3.	Elle rit? [ɛl ʀi]⌣	Elle rit. [ɛl ʀi]⌣	Elle rit. [ɛl ʀi]⌣	1
4.	Je le veux. [ʒəl vø]⌣	Je le veux? [ʒəl vø]⌣	Je le veux. [ʒəl vø]⌣	2

Score   1 point par item   /4

3.5

1.	c'est la vie [se la vi]	c'est la vie [se la vi]	c'est lavé [se lave]	3
2.	les rapports [le ʀapɔʀ]	le rapport [lə ʀapɔʀ]	le rapport [lə ʀapɔʀ]	1
3.	j'irai [ʒiʀe]	j'irais [ʒiʀɛ]	j'irai [ʒiʀe]	2
4.	prends-les [pʀɑ̃ le]	prends-le [pʀɑ̃ lə]	prends-les [pʀɑ̃ le]	2

Score   1 point par item   /4

3.6

The sound you are listening for is [i].

1.	paré [paʀe]	paraît [paʀɛ]	ami [ami]	3
2.	Rémi [ʀemi]	arrêt [aʀɛ]	armé [aʀme]	1

The sound you are listening for is [ɛ].

3.	après [apʀɛ]	il écrit [il ekʀi]	téléphonez [telefɔne]	1
4.	prends-le [pʀɑ̃ lə]	congrès [kɔ̃gʀɛ]	réunion [ʀeynjɔ̃]	2

The sound you are listening for is [e].

5.	délégué [delege]	je mangeais [ʒmɑ̃ʒɛ]	je faisais [ʃfəzɛ]	1
6.	il finit [il fini]	je vais [ʒvɛ]	j'ai écrit [ʒe ekʀi]	3

The sound you are listening for is [ə].

7.	c'est moi [se mwa]	dis-le [di lə]	c'est tout [se tu]	2
8.	ce soir [sə swaʀ]	c'est noir [se nwaʀ]	sept jours [sɛ ʒuʀ]	1

Score   1 point par item   /8

3.7

1. C'est si petit.
2. Écris-le vite.
3. Je le fais venir.
4. Je ne sais pas.
5. Qui est-ce?
6. L'été est fini.
7. Que fait-il?
8. Il venait de partir.

[se si̱ pti]
[ekʀi lə vit]
[ʒəl fɛ vni̱ʀ]
[ʒən se̱ pɑ]
[ki ɛs]
[le̱te e fini]
[kə fɛ til]
[il vnɛt paʀti̱ʀ]

Score   1 point par item   /8

5.16

1. le militaire
2. c'était l'été
3. et vite vite
4. le petit bébé
5. c'est fini

[lə militɛʀ]
[setɛ lete]
[e vit vit]
[lə pti bebe]
[se fini]

3.1

1. Il aime ça.
   [il ɛm sa]

2. Il reviendra avec un orignal.
   [il ʀəvjɛ̃dʀɑ / avɛk œ̃ nɔʀiɲal]

3. Marie aussi sera là.
   [maʀi osi / sʀɑ la]

4. Marie, c'est sa femme.
   [maʀi / se sa fam]

5. Elle aime la chasse.
   [ɛl ɛm la ʃas]

Score

1 point par item   **/5**

		1
		2
		2
		2
		1

3.2

1. Anne est ici. Elle travaille.
   [an e tisi // ɛl tʀavaj]

2. Anne est ici, elle travaille.
   [an e tisi / ɛl tʀavaj]

3. Voici le rapport. Voilà le contrat.
   [vwasil ʀapɔʀ // vwalal kɔ̃tʀa]

4. Voici le rapport, voilà le contrat.
   [vwasil ʀapɔʀ / vwalal kɔ̃tʀa]

5. J'aime la vanille et le chocolat.
   [ʒɛm la vanij el ʃɔkɔla]

Score

1 point par item   **/5**

3.3

1.	mal	- mâle	[mal]	- [mɑl]	D
2.	patte	- patte	[pat]	- [pat]	I
3.	cahier	- caillé	[kaje]	- [kɑje]	D
4.	pâte	- patte	[pɑt]	- [pat]	D
5.	mate	- mâte	[mat]	- [mɑt]	D
6.	gagner	- gagner	[gɑɲe]	- [gɑɲe]	I
7.	bail	- baille	[baj]	- [bɑj]	D
8.	pâle	- pâle	[pɑl]	- [pɑl]	I
9.	tache	- tâche	[taʃ]	- [tɑʃ]	D
10.	halle	- hâle	[al]	- [ɑl]	D

Score   1 point par item   /10

3.4

1.	paperasse	[papʀas]	I
2.	tabac	[taba]	I
3.	cavale	[kaval]	I
4.	cabas	[kabɑ]	D
5.	là-bas	[labɑ]	D
6.	chacal	[ʃakal]	I
7.	cadavre	[kadɑvʀ]	D
8.	chaque fois	[ʃak fwa]	I
9.	Parcs Canada	[paʀk kanada]	I
10.	caméra	[kameʀa]	I

Score   1 point par item   /10

3.5

1.	hiérarchique	[jeʀaʀʃik]	3
2.	bilan annuel	[bilɑ̃ anɥɛl]	4
3.	le rapport est là	[lə ʀapɔʀ e la]	5
4.	Statistique Canada	[statistik kanada]	6
5.	le Secrétariat d'État	[lə səkʀetaʀja deta]	7
6.	il n'y a pas de carcajous	[il njɑ pɑ kaʀkaʒu]	6
7.	une promenade à cheval	[yn pʀɔmnad a ʃfal]	5
8.	une valse pour Marc	[yn vals puʀ maʀk]	4
9.	on dansera	[ɔ̃ dɑ̃sʀɑ]	3
10.	de la glace	[dla glas]	2

Score — 2 points par item — **/20**

3.6

1.	rentable	[ʀɑ̃tabl]	1 ②
2.	fédéral	[fedeʀal]	1 2 ③
3.	analyse	[analiz]	① ② 3
4.	national	[nasjɔnal]	① 2 ③
5.	programme d'action	[pʀɔgʀam daksjɔ̃]	1 ② ③ 4

1.	repas	[ʀəpɑ]	1 ②
2.	théâtre	[teɑtʀ]	1 ②
3.	le train passe	[lə tʀɛ̃ pɑs]	1 2 ③
4.	une tâche facile	[yn tɑʃ fasil]	1 ② 3 4
5.	elle était pâle	[ɛl etɛ pɑl]	1 2 3 ④

Score — 1 point par son identifié — **/13**

Pour les experts...

3.7

1.	date	[dat]		0
2.	grave	[gʀaːv]		1
3.	sac	[sak]		0
4.	race	[ʀas]		0
5.	part	[pɑːʀ]		1
6.	mal	[mal]		0
7.	pas	[pɑ]		0
8.	passe	[pɑːs]		1
9.	lâche	[lɑːʃ]		1
10.	gâteau	[gɑto]		0
11.	bas	[bɑ]		0
12.	tâche	[tɑːʃ]		1

3.1

1.	mire [miʀ]	- mur - [myʀ]	D
2.	fou rire [ʃu ʀiʀ]	- fourrure - [ʃuʀyʀ]	D
3.	joute [ʒut]	- jute - [ʒyt]	D
4.	structure [stʀyktyʀ]	- structure - [stʀyktyʀ]	I
5.	il est doux [il e du]	- il est dû - [il e dy]	D
6.	viaduc [vjadyk]	- viaduc - [vjadyk]	I
7.	ils dirent [il diʀ]	- ils durent - [il dyʀ]	D
8.	la mue [la my]	- la moue - [la mu]	D
9.	soucoupe [sukup]	- soucoupe - [sukup]	I
10.	jupe [ʒyp]	- jupe - [ʒyp]	I

Score   1 point par item   /10

3.2

1.	surtout	[syʀtu]
2.	toujours	[tuʒuʀ]
3.	fourrure	[ʃuʀyʀ]
4.	coupure	[kupyʀ]
5.	coutume	[kutym]
6.	voulu	[vuly]
7.	surplus	[syʀply]
8.	brûlure	[bʀylyʀ]
9.	coup dur	[ku dyʀ]
10.	structure	[stʀyktyʀ]

Score   2 points par item   /20

3.3

1. mire   mur   mur
   [miʀ]   [myʀ]   [myʀ]   1 ②③ 0

2. pour   pur   pour
   [puʀ]   [pyʀ]   [puʀ]   ① 2 ③ 0

3. dur   dur   dire
   [dyʀ]   [dyʀ]   [diʀ]   ①② 3 0

4. sur   sourd   cire
   [syʀ]   [suʀ]   [siʀ]   1 2 3 ⓪

5. bouche   bouche   bûche
   [buʃ]   [buʃ]   [byʃ]   ①② 3 0

6. sud   sud   sud
   [syd]   [syd]   [syd]   ①②③ 0

7. vue   vous   vie
   [vy]   [vu]   [vi]   1 2 3 ⓪

8. dessus   dessus   dessous
   [dəsy]   [dəsy]   [dəsu]   ①② 3 0

9. puce   pouce   puce
   [pys]   [pus]   [pys]   ① 2 ③ 0

10. rue   roue   ri
    [ʀy]   [ʀu]   [ʀi]   1 2 3 ⓪

Score   1 point par item   /10

3.4

1. Sou pour sou.   [su puʀ su]
2. C'est un abus.   [se tœ̃ naby]
3. J'ai vendu ma voiture.   [ʒe vɑ̃dy ma vwatyʀ]
4. Une dure lutte.   [yn dyʀ lyt]
5. Joue contre joue.   [ʒu kɔ̃tʀə ʒu]
6. Je joue le tout pour le tout.   [ʒə ʒu lə tu puʀ lə tu]
7. Ni vu ni connu.   [ni vy ni kɔny]
8. Il perd la boule.   [il pɛʀ la bul]
9. J'ai perdu ma plume.   [ʒe pɛʀdy ma plym]
10. J'ai mal au cou.   [ʒe mal o ku]

Score   1 point par item   /10

3.5.

1. Vous fumez?   [vu fyme]
2. Ils sont partout.   [il sɔ̃ paʀtu]
3. Tu l'as relu?   [ty lɑ ʀəly]
4. Tu l'as perdu.   [ty lɑ pɛʀdy]
5. J'ai tout su.   [ʒe tu sy]
6. C'est tout vu.   [se tu vy]
7. C'est dû aux coûts?   [se dy o ku]
8. C'est dû aux coûts.   [se dy o ku]
9. Vous êtes chez vous?   [vu zɛt ʃe vu]
10. Pas du tout.   [pɑ dy tu]

Score   1 point par item   /10

3.1

1.	hôte	-	hotte	**D**
	[ot]	-	[ɔt]	
2.	loge	-	loge	**I**
	[lɔʒ]	-	[lɔʒ]	
3.	saule	-	sol	**D**
	[sol]	-	[sɔl]	
4.	paume	-	paume	**I**
	[pom]	-	[pom]	
5.	côte	-	cote	**D**
	[kot]	-	[kɔt]	
6.	nôtre	-	notre	**D**
	[notʀ]	-	[nɔtʀ]	
7.	Beauce	-	Beauce	**I**
	[bos]	-	[bos]	
8.	beauté	-	beauté	**I**
	[bote]	-	[bote]	
9.	sotte	-	saute	**D**
	[sɔt]	-	[sot]	
10.	roc	-	rauque	**D**
	[ʀɔk]	-	[ʀok]	

Score   1 point par item   /10

3.2

1.	aorte	[aɔʀt]	1 ②
2.	compromis	[kɔ̃pʀɔmi]	1 ② 3
3.	votre passeport	[vɔt pɑspɔʀ]	① 2 ③
4.	notre code	[nɔt kɔd]	① ②
5.	le téléphone sonne	[lə telefɔn sɔn]	1 2 3 ④ ⑤
6.	aujourd'hui	[uʒuʀdɥi]	① 2 3
7.	un réseau	[œ̃ ʀezo]	1 2 ③
8.	aussitôt	[osito]	① 2 ③
9.	de beaux cadeaux	[də bo kado]	1 ② 3 ④
10.	chapeau	[ʃapo]	1 ②

Score   1 point par son identifié   /15

3.3

1.	trop gros	[tʀo gʀo]	[ɔ]	⦿[o]
2.	portemanteau	[pɔʀtmɑ̃to]	⦿[ɔ]	⦿[o]
3.	dictaphone	[diktafɔn]	⦿[ɔ]	[o]
4.	vol solo	[vɔl solo]	⦿[ɔ]	⦿[o]
5.	c'est trop chaud	[se tʀo ʃo]	[ɔ]	⦿[o]
6.	Paul est occupé	[pɔl e tɔkype]	⦿[ɔ]	[o]
7.	haut niveau	[o nivo]	[ɔ]	⦿[o]
8.	chocolat chaud	[ʃɔkɔla ʃo]	⦿[ɔ]	⦿[o]
9.	taux de chômage	[tot ʃomaʒ]	[ɔ]	⦿[o]
10.	programme politique	[pʀɔgʀam pɔlitik]	⦿[ɔ]	[o]

Score   1 point par son identifié   /13

3.4

1.	paume [pom]	pomme [pɔm]	paume [pom]	①	2	③	0	
2.	râle [Rɑl]	rôle [Rol]	rôle [Rol]	1	②	③	0	
3.	sol [sɔl]	saule [sol]	sol [sɔl]	①	2	③	0	
4.	bosse [bɔs]	Beauce [bos]	basse [bɑs]	1	2	3	⓪	
5.	tard [tɑR]	tort [tɔR]	tort [tɔR]	1	②	③	0	
6.	saute [sot]	saute [sot]	sotte [sɔt]	①	②	3	0	
7.	côte [kot]	côte [kot]	côte [kot]	①	②	③	0	
8.	hôte [ot]	hâte [ɑt]	hotte [ɔt]	1	2	3	⓪	
9.	notre [nɔtR]	nôtre [notR]	notre [nɔtR]	①	2	③	0	
10.	rosée [Roze]	rosée [Roze]	rosée [Roze]	①	②	③	0	

Score 2 points par item **/20**

3.5

1. le bureau de la dactylo
   [lə byʀo dla daktilo]   7

2. le contrôle des opérations
   [lə kɔ̃tʀol de zɔpeʀasjɔ̃]   8

3. informatique
   [ɛ̃fɔʀmatik]   4

4. il faut ce qu'il faut
   [il fo skil fo]   4

5. un corps à corps
   [œ̃ kɔʀ a kɔʀ]   4

6. les politiques et les procédures
   [le politik e le pʀɔsedyʀ]   9

7. un homme trop gros
   [œ̃ nɔm tʀo gʀo]   4

8. un comité ad hoc
   [œ̃ kɔmite ad ɔk]   6

9. une photocopie
   [yn fotokɔpi]   5

10. un programme
    [œ̃ pʀɔgʀam]   3

Score   1 point par item   /10

3.6

1. C'est le rapport de Paul. [sɛl ʀapɔʀ də pɔl]

2. C'est le rapport de Paul! [sɛl ʀapɔʀ de pɔl]

3. C'est faux! [se fo]

4. Au Conseil du Trésor. [o kɔ̃sɛj dy tʀezɔʀ]

5. Dans votre bureau. [dɑ̃ vɔt byʀo]

6. Il fait beau! [il fɛ bo]

7. À cause de l'économie. [a koz də lekɔnɔmi]

8. J'ai mal au dos. [ʒe mal o do]

9. C'est trop haut! [se tʀo 'o]

10. Un mot nouveau! [œ̃ mo nuvo]

Score 1 point par item /10

3.7

1. chausse   -   chaussette   1
    [ʃoːs]   -   [ʃosɛt]

2. autrement   -   autre   2
    [otʀəmɑ̃]   -   [oːtʀ]

3. chaude   -   chaudement   1
    [ʃoːd]   -   [ʃodmɑ̃]

4. fort   -   fortement   1
    [fɔːʀ]   -   [fɔʀtəmɑ̃]

5. contrôle   -   contrôleur   1
    [kɔ̃tʀoːl]   -   [kɔ̃tʀolœʀ]

6. porte   -   port   2
    [pɔʀt]   -   [poːʀ]

7. loge   -   logement   1
    [loːʒ]   -   [loʒmɑ̃]

8. sobre   -   sobriété   1
    [sɔːbʀ]   -   [sɔbʀijete]

9. morte   -   mort   2
    [mɔʀt]   -   [mɔːʀ]

10. innover   -   innove   2
    [inɔve]   -   [inɔːv]

Score   1 point par item   /10

3.1

1.	fleur	-	flore	[flœʀ]	-	[flɔʀ]	D
2.	mort	-	meure	[mɔʀ]	-	[mœʀ]	D
3.	peur	-	père	[pœʀ]	-	[pɛʀ]	D
4.	jeune	-	jaune	[ʒœn]	-	[ʒon]	D
5.	heure	-	heure	[œʀ]	-	[œʀ]	I
6.	corps	-	coeur	[kɔʀ]	-	[kœʀ]	D
7.	soeur	-	sort	[sœʀ]	-	[sɔʀ]	D
8.	oeillade	-	oeillade	[œjad]	-	[œjad]	I
9.	beurrée	-	bourrée	[bœʀe]	-	[buʀe]	D
10.	preneur	-	preneur	[pʀənœʀ]	-	[pʀənœʀ]	I

Score   1 point par item   /10

3.2

1.	que	coeur	queue	3
	[kə]	[kœʀ]	[kø]	
2.	jeu	je	jus	1
	[ʒø]	[ʒə]	[ʒy]	
3.	meugle	mule	mâle	1
	[møgl]	[myl]	[mɑl]	
4.	affres	affreux	offre	2
	[afʀ]	[afʀø]	[ɔfʀ]	
5.	jeune	jeûne	jaune	2
	[ʒœn]	[ʒøn]	[ʒon]	
6.	fibreux	fibre	vibre	1
	[fibʀø]	[fibʀ]	[vibʀ]	
7.	des	deux	de	2
	[de]	[dø]	[də]	
8.	blé	blond	bleu	3
	[ble]	[blɔ̃]	[blø]	
9.	râpeux	râpe	râle	1
	[ʀɑpø]	[ʀɑp]	[ʀɑl]	
10.	et même	ou même	eux-mêmes	3
	[e mɛm]	[u mɛm]	[ø mɛm]	

Score   1 point par item   /10

3.3

1. Je dois ramasser les feuilles.
   [ʒdwa ʀamase le ʃœj]   1

2. Achète du pain, du beurre et des oeufs.
   [aʃɛt dy pɛ̃ / dy bœʀ / e de zø]   1

3. Il est trois heures.
   [il e tʀwɑ zœʀ]   1

4. Le règlement est en vigueur.
   [lə ʀɛgləmɑ̃ e tɑ̃ vigœʀ]   1

5. Elle est veuve et très seule.
   [ɛl e vœv / e tʀɛ sœl]   2

Score   1 point par son identifié   /6

3.4

1. Tu vas de mieux en mieux.
   [ty vɑd mjø zɑ̃ mjø]   2

2. Quand on veut, on peut.
   [kɑ̃ tɔ̃ vø / ɔ̃ pø]   2

3. Peu de gens ont les yeux bleus.
   [pød ʒɑ̃ / ɔ̃ le zjø blø]   3

4. Je ne veux pas qu'il pleuve.
   [ʒən vø pɑ kil plœv]   1

5. Les boeufs marchent à la queue leu leu.
   [le bø / maʀʃ a la kø lø lø]   4

Score   1 point par son identifié   /12

Partie 5

3.5

1. Il est de bonne humeur.

2. Il est amoureux.

3. Quelle heure est-il?

4. Tu aimes les fleurs.

5. Je veux du feu.

[il ed bɔ nymœʀ]

[il e tamuʀø]

[kɛl œʀ / e til]

[ty ɛm le flœʀ]

[ʒvø dy fø]

Score

1 point par symbole

/6

3.6

1. Il va, j'en suis convaincu, être nommé sous peu.
   [il va / ʒɑ̃ sɥi kɔ̃vɛ̃ky / etʀə nɔme su pø]

2. Elle a, je suppose, très peu d'amis.
   [ɛl ɑ / ʃsypoz / tʀɛ pø dami]

3. Tes amies sont avec toi.
   [te zami / sɔ̃ tavɛk twa]

4. Il est très seul.
   [il e tʀɛ sœl]

5. Elle est très seule, paraît-il.
   [ɛl e tʀɛ sœl / paʀɛ til]

oui

oui

non

non

oui

Score

1 point par item

/5

3.7

1. A - Il va arriver deux heures trop tard.
   [il va aʀive / dø zœʀ tʀo tɑʀ]

   B - Il va arriver, je gage, deux heures trop tard.
   [il va aʀive / ʒgaʒ / dø zœʀ tʀo tɑʀ]

   B

2. A - Pierre, crois-le ou non, a encore une peine de coeur.
   [pjɛʀ / kʀwa lə u nɔ̃ / ɑ ɑ̃kɔʀ yn pɛn də kœʀ]

   B - Pierre a encore une peine de coeur.
   [pjɛʀ / ɑ ɑ̃kɔʀ yn pɛn də kœʀ]

   A

3. A - Où, je me demande, vas-tu chercher tout ça?
   [u / ʒmə dmɑ̃d / va ty ʃɛʀʃe tu sa]

   B - Où vas-tu chercher tout ça?
   [u va ty ʃɛʀʃe tu sa]

   A

4. A - Vous devez, je le répète, cueillir tous les fruits.
   [vu dve / ʒəl ʀepɛt / kœjiʀ tu le fʀɥi]

   B - Vous devez cueillir tous les fruits.
   [vu dve kœjiʀ / tu le fʀɥi]

   A

5. A - Marie, tu te souviens d'elle, est devenue le souffre-douleur du professeur.
   [maʀi / tyt suvjɛ̃ dɛl / e dəvny lə sufʀədulœʀ /
   dy pʀɔfesœʀ]

   B - Marie est devenue le souffre-douleur du professeur.
   [maʀi / e dəvny / lə sufʀədulœʀ / dy pʀɔfesœʀ]

   A

Score   1 point par item **/5**